「通古察今」系列丛书

从方国联盟到『天下一家』
——上古政治体制的变迁

晁福林 著

河南人民出版社

图书在版编目(CIP)数据

从方国联盟到"天下一家":上古政治体制的变迁/晁福林著.—郑州:河南人民出版社,2019.12(2025.3重印)
("通古察今"系列丛书)
ISBN 978-7-215-12084-6

Ⅰ.①从… Ⅱ.①晁… Ⅲ.①政治体制-研究-中国-古代 Ⅳ.①D691.21

中国版本图书馆 CIP 数据核字(2019)第 271364 号

河南人民出版社出版发行
(地址:郑州市郑东新区祥盛街 27 号 邮政编码:450016 电话:0371-65788077)
新华书店经销 环球东方(北京)印务有限公司印刷
开本 787mm×1092mm 1/32 印张 8.375
字数 115 千
2019 年 12 月第 1 版 2025 年 3 月第 3 次印刷

定价:58.00 元

"通古察今"系列丛书编辑委员会

顾　问　刘家和　瞿林东　郑师渠　晁福林
主　任　杨共乐
副主任　李　帆
委　员　(按姓氏拼音排序)
　　　　安　然　陈　涛　董立河　杜水生　郭家宏
　　　　侯树栋　黄国辉　姜海军　李　渊　刘林海
　　　　罗新慧　毛瑞方　宁　欣　庞冠群　吴　琼
　　　　张　皓　张建华　张　升　张　越　赵　贞
　　　　郑　林　周文玖

序 言

在北京师范大学的百余年发展历程中,历史学科始终占有重要地位。经过几代人的不懈努力,今天的北京师范大学历史学院业已成为史学研究的重要基地,是国家首批博士学位一级学科授予权单位,拥有国家重点学科、博士后流动站、教育部人文社会科学重点研究基地等一系列学术平台,综合实力居全国高校历史学科前列。目前被列入国家一流大学一流学科建设行列,正在向世界一流学科迈进。在教学方面,历史学院的课程改革、教材编纂、教书育人,都取得了显著的成绩,曾荣获国家教学改革成果一等奖。在科学研究方面,同样取得了令人瞩目的成就,在出版了由白寿彝教授任总主编、被学术界誉为"20世纪中国史学的压轴之作"的多卷本《中国通史》后,一批底蕴深厚、质量高超的学术论著相继问世,如八卷本《中国文化发展史》、二十卷本"中国古代社会和政治研究丛书"、三卷本《清代理学史》、五卷本《历史文化认同与中国统一多民族国家》、二十三卷本《陈垣全集》,

以及《历史视野下的中华民族精神》《中西古代历史、史学与理论比较研究》《上博简〈诗论〉研究》等,这些著作皆声誉卓著,在学界产生较大影响,得到同行普遍好评。

除上述著作外,历史学院的教师们潜心学术,以探索精神攻关,又陆续取得了众多具有原创性的成果,在历史学各分支学科的研究上连创佳绩,始终处在学科前沿。为了集中展示历史学院的这些探索性成果,我们组织编写了这套"通古察今"系列丛书。丛书所收著作多以问题为导向,集中解决古今中外历史上值得关注的重要学术问题,篇幅虽小,然问题意识明显,学术视野尤为开阔。希冀它的出版,在促进北京师范大学历史学科更好发展的同时,为学术界乃至全社会贡献一批真正立得住的学术佳作。

当然,作为探索性的系列丛书,不成熟乃至疏漏之处在所难免,还望学界同人不吝赐教。

北京师范大学历史学院
北京师范大学史学理论与史学史研究中心
北京师范大学"通古察今"系列丛书编辑委员会
2019 年 1 月

目 录

前 言 \ 1

一、论中国古史的氏族时代 \ 8
——应用长时段理论的一个考察

（一）问题的提出 \ 9

（二）"长时段"理论及其对于相关研究的启发 \ 11

（三）"氏族"与"氏族时代" \ 14

（四）中国氏族时代的特色 \ 20

（五）中国古史的氏族时代之发展变化 \ 28

（六）余音袅袅 \ 41

二、从方国联盟的发展看殷都屡迁原因 \ 45

（一）问题的提出 \ 45

（二）商代方国联盟的形成 \ 49

（三）早商时期方国联盟的特点 \ 59

（四）殷都屡迁的原因及其历史作用 \ 68

（五）余论 \ 76

三、从盘庚迁殷说到《尚书·盘庚》三篇的次序问题 \ 79

（一）关于盘庚迁殷的考古学考察 \ 80

（二）《盘庚》三篇的次序问题 \ 87

（三）从盘庚迁殷史事看《盘庚》三篇次序 \ 95

（四）从《盘庚》篇内容看其次序问题 \ 107

四、论先秦儒家理论视域中的"同" \ 116

（一）"同"字古义及其演变 \ 117

（二）儒家对于"同"观念的批判与使用 \ 121

（三）"大同"观念考析 \ 129

五、试论西周分封制的若干问题 \ 137

（一）周代的分封制始于何时 \ 137

（二）周代分封制的历史意义 \ 151

六、论周代卿权 \ 161

（一）卿的出现和卿事寮的性质 \ 162

（二）卿权的发展及其与王权的关系 \ 173

（三）春秋时期的卿权 \ 186

（四）卿权的蜕变 \ 195

（五）结语 \ 206

七、先秦社会最高权力的变迁及影响因素 \ 210

（一）"神主"与商代国家祭祀 \ 213

（二）宗法王权：周代君主的盛与衰 \ 229

（三）"民主"：新君权的影子 \ 240

（四）余论 \ 250

参考资料 \ 254

前言

作为政治权力组织形式的政治体制是国家的核心形式，它的变动往往是社会变迁、运转的标识。古代中国史家常常把后代的王朝政治体制上推到远古，认为从尧、舜时代开始就已经有了和后世王朝基本一致的政治体制，有相同的分官设职，有一样的治民行政，有一样的组织机构，这种上溯式的断言忽略了时代的历史的差异，是需要重新认识的。就政治体制的变迁来说，可以说周秦之际和清末民初是两个影响最大最深远的变局。周秦之际完成了由部落联系到统一的民族国家之变，清末民初则实现了由封建国家向近现代国家的转捩。本书所探讨问题的主旨是前一个变局的来龙去脉。从长时段的角度看，我国上古时代存在一个漫长的氏族时代。这是中国古代社会和西方相比具有显著差异之处，亦是优越之处之一。它保证了我国上古时代拥有一个安定和谐的发展时段和发展环境。我国古氏族时代的鼎盛时代应当是夏、商两个时期。到了西周时期，虽然宗法制、分封制成为社会政治制度的主要特色，但部落联盟的影响依然可以有许多存在。氏族和宗族是组成当时社会的细胞。各诸侯国数量庞大的卿大夫，实际上就是一个个宗族，这在当时被称为"家"，春秋时期有"诸侯立家"[1]之说，那个时代所言的"家"，实即宗族。《易经·家人》象传说："父父、子子、兄兄、弟弟、夫夫、妇妇而家道正，正家而天下定矣。"这里所说的家并非个体之家，而当是宗族之家。天下的安定要以宗族的安定为基础。这是周代治国理念特别关注之所在。《诗·周颂·桓》"于以四方，克定厥家"[2]，意谓能够安定四方之族。这个理念影响久远，直到战国前期还有国君"治天下之国若

---

[1] 《左传》，见阮元校刻《十三经注疏·春秋左传正义》卷五，北京：中华书局，1980年，第1744页。按，关于"诸侯立家"，杜预注云"卿大夫称家臣"。言诸侯国君主分封卿大夫，卿大夫是诸侯的家臣。
[2] 《诗·周颂·桓》，见阮元校刻《十三经注疏·毛诗正义》卷十九，北京：中华书局，1980年，第605页。按，此诗句中的"家"，学者每以郑注为据，说是武王自己的家，从诗意上看，疑非是。

治一家"[1]的说法。

历史进入春秋战国时期,转型中的社会结构进行着缓慢的巨大运转。那个时期,随着列国间的争霸与兼并以及士阶层的兴起与流动,邦国畛域不再是阻挡人们视野的壁垒。人们的眼光可以投向远方。西周时期的彝铭称"皇天""天子""天令(命)"者甚夥,这些皆出于天命观念,是眼睛向上的结果;迄今尚未在彝铭中发现有称"天下"者,可信的西周时代文献里称"天下"也甚少见[2]。虽然在《周颂》的时代已有"无此疆尔界,陈常于时夏"[3]的呼吁,但真正开拓了人们视野的则是春秋战国时代。

春秋时期,上起王公贵族,下到普通士人,皆多言"天下"。《诗经·北山》所言"普天之下,莫非王土"几乎成了人们口头语。战国时期人们讲得更多,仅《韩

---

[1] 《墨子·尚同下》,见吴毓江撰,孙启治点校《墨子校注》卷三,北京:中华书局,1993年,第141页。

[2] 在《尚书·周书》里,称"天下"者有《吕刑》《洪范》《召诰》《立政》等篇各1次,《诗·大雅》只有《皇矣》1次。而相关的《书序》和《诗序》里则多见"天下"之称,是可见"天下"观念变化之一端。

[3] 《诗经·周颂·思文》,见阮元校刻《十三经注疏·毛诗正义》卷九,北京:中华书局,1980年,第590页。

非子》一书有"天下"之辞就有三百多次。这种视域的开阔过程正如《老子》书所言,"以家观家,以乡观乡,以邦观邦,以天下观天下"[1]。到"观天下"的时候,人们的眼光视野已经超出了家、乡及邦国的轸域。

当时人们讲"天下",对于历史向何处去的问题也有了更多的思考。当时,高瞻远瞩提出卓见者,首推孔子。《礼记·礼运》篇记载了孔子和弟子们的谈话,孔子说:

> 大道之行也,与三代之英,丘未之逮也,而有志焉。大道之行也,天下为公。选贤与能,讲信修睦,故人不独亲其亲,不独子其子。使老有所终,壮有所用,幼有所长。矜寡孤独废疾者,皆有所养。男有分,女有归。货,恶其弃于地也,不必藏于己。力,恶其不出于身也,不必为己。是故谋闭而不兴,盗窃乱贼而不作,故外户而不

---

[1] 《老子》第五十四章《简册·老子乙本》,见陈伟等著《楚地出土战国简册》,北京:经济科学出版社,2009年,第152页。

前言

闭，是谓大同。[1]

孔子所向往的行"大道"的大同之世，其核心是"天下为公"。孔子认为，只要人人都有"为公"的高尚德操，社会就会变得和谐美好。贤才和能人居于高位，人们相互间讲究诚信和睦，不论男女老幼，就是鳏寡孤独或者残疾人，也都能生活得好，天下无贼，人人都不为私利谋划，而只考虑为公而多做贡献。他所描画的理想社会，近代启蒙思想家康有为曾用精练的语言概括"大同之道"，说是"至平也，至公也，至仁也，治之至也，虽有善道，无以加此矣"[2]。孔子讲大同之道，最为精彩的是从道德层面探讨治国理念。关于远古社会的美好记忆，在孔子之前就有有识之士论及[3]，但只是强调明王之德，而孔子则从天下之人的

---

[1] 《礼记·礼运》，见阮元校刻《十三经注疏·礼记正义》卷二十一，北京：中华书局，1980年，第1413—1414页。
[2] 康有为：《大同书·甲部》，沈阳：辽宁人民出版社，1994年，第11页。
[3] 例如，春秋时期周大夫富辰说："古之明王不失此二德者（按，指仁、义、祥），故能光有天下，而composer宁百姓，令闻不忘。"（《国语·周语》，见徐元诰著，王树民、沈长云点校《国语集解》，北京：中华书局，2002年，第44页。）这主要是要像圣王那样有高尚的德操。

角度抉发治国理念中的道德修养问题。从经济层面来讲，孔子所强调的是平等，主旨是人皆为公尽力，人皆有安定幸福的生活。在这种理想的社会中，天下无贼，出不闭户，自然非常安定而和谐，康有为说是"治之至"是有道理的。

思想家和一般人比起来，更能洞察世事与历史，其思想更近乎历史发展规律。他们不仅在纷乱扰动中可以看清社会发展之路，而且能够指明社会奔向光明的方向，提出予人以希望的理想境界。孔子对于这一理想境界的实现，有清醒认识，所以他有"丘未之逮也，而有志焉"之叹。梁启超指出："儒家悬此以为政治最高理想之鹄，明知其不能骤几也，而务向此鹄以进行。"[1]孔子作为卓越超群的思想家，其"天下大同"之说卓绝千古，其坚毅之精神也于此可见。

在孔子的时代，"天下大同""天下为一家"实为一种壮丽无比的理想国情状，和那个时代的社会现实的距离不啻云泥。一个伟大理想的实现不仅要历经漫长时段，而且需要分别情况逐步推进。就政治体制变

---

[1] 梁启超：《先秦政治思想史》，北京：东方出版社，1996年，第89页。

化而言，中央集权的秦王朝的建立虽然是终结脉脉温情的方国联盟时代的冰冷的句号，但也开启了天下一家的新政治局面。可以说这是一个巨大的历史进步。这个历史进步虽然有秦始皇个人的历史功绩，但更重要的是社会形势的变迁的结果。摆在您面前的就是从政治体制方面探讨这个变迁的小书。

2019 年 1 月 28 日

一、论中国古史的氏族时代
——应用长时段理论的一个考察

从社会结构的角度进行分析,中国古史的氏族时代应当是与编户齐民时代相对应的一个漫长的历史时段。它滥觞于旧石器时代晚期,经过新石器时代到夏商时期有了比较充分的发展,至西周春秋时期社会上大量涌现宗族,氏族时代进入了新阶段,氏族时代在战国时期临近尾声,秦王政统一六国标志着氏族时代的终结。法国历史学家布罗代尔的"长时段"理论可以启发我们重新认识中国古史的一些重要问题。先秦时代的社会形态,与后世有很大差异,这些差异的形成原因为深层的社会结构形态所决定。

一、论中国古史的氏族时代

（一）问题的提出

古史分期问题是在20世纪五六十年代的学术界，特别是历史学界，成为研究热点的"五朵金花"之一。所谓"古史分期"，就是对于中国古代社会形态的划分。在关于中国古代历史分期和社会形态研究中，人们往往追求固定划一，用一个标准将历史时代"一刀切"。在这种思维模式下所进行的研究常常劳而无功或事倍功半。这说明历史的发展是十分复杂的，简单的模式不适应历史实际。那么，该如何做呢？是剪裁历史实际来符合所谓的"标准"，或是重新检讨"标准"来尽力符合历史实际呢？答案应当是后者，即"标准"以及理论必须符合实际而不是相反。

从某个角度说，历史实际犹如客观真理，是可近而不可及的。想再现历史只能是一个美好的愿望而已。古代社会形态是历史实际的一部分，呈现着十分复杂的面貌。关于社会形态的探讨，应当从各个不同的角度进行。实际上前辈专家也已经从不同角度做出了不少成绩。就拿先秦社会形态的问题而言，前辈专家从生产力发展的角度，提出过"青铜时代"的概念，并以此和西方古代的铁器时代进行过比较研究，从而发现了中国古代社会生产力发展的若干特色。社会生产力当然是社会形态的一部分，"青铜时代"的提出，对于认识先秦社会形态是极有意义的。近年有的专家从"社会生产方式"的角度提出"家国同构"的命题，认为先秦时代在很长一个历史时期里面是"宗法集约型家国同构农耕社会"，而秦汉以降则是"专制个体型家国同构农耕社会"。这个命题涵盖了社会生产力和社会结构特征、政治形态特征等多方面内容，显然是经过了深入思考以后的结果。还有的专家从古代文明或文化发展的角度对于先秦社会形态进行分期，或试图从古代国家性质的角度来进行分期。总之，学者们的探讨正在深入进行着。然而毋庸讳言，有的探讨离社会形态这一概念的距离显得远了一些。这也许就是目前相关研究的一个缺憾。

社会形态的根本所在，愚以为应当是社会生产方式和社会结构。从这个角度说，"五种生产方式说"有着它不可抹杀的历史功绩，它毕竟是从社会形态的根本问题角度进行的说明。前辈专家围绕"五种生产方式说"进行的研究,对于说明社会形态的根本问题做出了十分可贵的贡献。今天学术界冲破"五种生产方式说"的束缚,并不是要否定前辈专家在社会形态研究方面的业绩,而只是将社会形态研究中的标准问题作一番新形势下的检讨,使之更能够接近历史实际。

既然社会形态可以从不同的角度进行探讨、以不同的标准进行衡量,那么可不可以在说明社会形态的根本问题即社会生产方式和社会结构的问题时有新的思路呢?我们下面要集中探讨这个问题。

(二)"长时段"理论及其对于相关研究的启发

20世纪法国年鉴学派的代表人物布罗代尔(Fernand Braudel, 1902—1985年)所提出的历史时段理论影响巨大。他的理论着眼于探讨历史发展的多重因素。布罗代尔指出,一般的历史事件,只是喧嚣一时的新闻,犹如流火飞萤一样,转瞬即逝。这是历史发展的"短时段"。社会经济的发展情况决定了较长时期历史发展面貌。这是历史发展的"中时段"。而对于历史发展影响最大的是社会结构(布罗代尔称之为

"网络构造")——包括地理、社会组织、经济、社会心理等,亦即"长时段"(La Longue Durée)[1]。在布罗代尔的著作中,"长时段"实际上是对于历史发展起着决定作用的、长时期有影响的因素。布罗代尔对于自己的"长时段"理论十分自信,他说:"我立足于长时段,根据过去和现在的辩证关系,从时间上进行比较:这种方法从未使我失望。"[2] 风行一时的年鉴派史学由此而诞生,成为影响巨大的史学流派[3]。

愚以为"长时段"理论对于先秦社会形态乃至整个中国古史的研究具有重要参考价值。结合我们的相关研究,可提出如下一些认识:

第一,先秦时代(特别是夏商周三代)的政治变迁对于社会形态有一定影响,但不能估计过高。可以说在一个较长时段(例如夏商西周时期)里面,社会生产方式和社会结构的变化不太大,夏商西周之间的

---

[1] 也有的译作"长时程",如杨豫译杰弗里·巴勒克拉夫《当代史学主要趋势》(上海:上海译文出版社,1987年)一书就是如此。
[2] 〔法〕布罗代尔著,顾良、施康强译《15至18世纪的物质文明、经济和资本主义》第一卷,北京:三联书店,1992年,第21—22页。
[3] 〔英〕杰弗里·巴勒克拉夫著,杨豫译《当代史学主要趋势》,上海:上海译文出版社,1987年,第59—60页。

一、论中国古史的氏族时代

区别远没有其相同之处多而重要。夏商周三代政治变迁和许多历史事件，都是同一社会结构影响的结果。

第二，先秦时代不存在后世那样的农民起义，没有出现剧烈的社会暴动或震动。过去所指出的先秦时期的"奴隶起义""农民起义"云云，都经不起推敲。可以说夏商西周时期社会经历着平稳的发展而不是急遽的变革。这种情况表明了当时社会结构的稳固。如果用"长时段"理论分析，可以说这正是大海深层静谧的表现。

第三，先秦时代有不少与后世相比而呈现出的鲜明特色，无论是经济生产方式，抑或是思想文化，都可以说是开启了后世的发展而又与后世有很大差异的重要领域。这些差异的形成原因不在于具体的事件和王朝的交替变迁，而为深层的社会结构形态所决定。

第四，所谓"长时段"应当还包括这样一层意蕴，那就是它和以其他标准所进行的分期并不吻合，而常常是跨越了以其他标准所进行的分期，有些为根本性的社会结构所决定的因素可以说跨越了许多时代，例如"青铜时代""原始时代""奴隶制时代""封建制时代"等。我们关于先秦社会形态的研究，很有必要找出这个具有根本性质的因素。

总之,"长时段"理论,可以启发我们在研究社会形态问题时,尽力避免绝对化、模式化的思路而进行一些深入的思考。把我们进行相关研究的"标准"问题考虑得更复杂些,避免单一模式所带来的绝对化。

(三)"氏族"与"氏族时代"

按照我们对于"长时段"理论的理解,什么是影响先秦时代的根本性质的因素呢？愚以为首当其冲的就是氏族的长期而普遍的存在及其影响的广大和深远。如果简单明了地进行概括,也可以把这个因素称为"氏族时代"。

在说明"氏族时代"之前,应当先对于"氏族"一词进行讨论。

"氏族"是蕴含中国上古时代社会奥秘最多的概念之一,专家们的相关研究颇有歧说。杨希枚先生曾经将姓与氏分别进行比较,将其代表的社会组织称为"姓族""氏族",并且特别强调"氏之义即邦或国家",还特别赞成日本学者加藤常贤将氏称为"领土的氏族"

一、论中国古史的氏族时代

的断定[1]。对于杨先生这一很有影响的说法，愚以为尚有继续探讨的余地。关于"姓"的解释，诸家似无分歧，一般都同意《说文》"姓，人所生也"[2]的训释，认为"姓"就是人所出生的族的称谓。殷墟卜辞中的"多生（姓）"即多族，周代彝铭中的"百生（姓）"，即百族。氏的出现比较晚，殷墟卜辞中似无明确的"氏"称，而周代则大量行用，并且习用来称谓远古时代大而有影响的族，如《左传》襄公二十四年"陶唐氏""御龙氏""豕韦氏""唐杜氏"，《左传》文公十八年"高阳氏""高辛氏""帝鸿氏""颛顼氏""缙云氏"，《左传》襄公四年"伯明氏""有鬲氏""斟寻氏"，《左传》昭公十七年"黄帝氏""炎帝氏""共工氏""凤鸟氏""丹鸟氏""祝鸠氏""爽鸠氏"，《左传》昭公二十九年"豢龙氏""御龙氏""帝舜氏""烈山氏"，[3]《国语·鲁语》所载的"姜氏""姬氏""有虞氏""夏后氏""防风氏""汪

---

[1] 杨希枚：《论先秦姓族和氏族》，载《先秦文化史论集》，北京：中国社会科学出版社，1995年，第197—210页。

[2] 许慎：《说文解字》，北京：中华书局，1963年，第258页。

[3] 《左传》，见阮元校刻《十三经注疏·春秋左传正义》，台北：艺文印书馆，2001年，第608—609、352—355、507、922页。

芒氏""肃慎氏""方雷氏""肜鱼氏""苍林氏"[1]等等。通过分析周代习用的"氏"的称谓,可以得出这样的认识:周以前基本上不行用的氏之所以在周代大量出现,是因为当时社会的族进入了大发展的阶段,族的规模日益庞大,需要分出新的族,所以才行用"氏"称。常见的做法是在姓之下分出若干氏,此即《国语·周语》下篇所说的"命姓受氏"[2]《左传》隐公八年所说的"胙之土而命之氏"[3]。由于"氏"称为周人普遍行用,所以周人多用氏称谓远古时代的著名的族。这样一来,氏与姓二者谁大谁小就成了问题,其实只要认识到氏与姓在上古时代均指族而言,也就不必拘泥于这一问题了[4]。

---

[1] 徐元诰:《国语集解》,北京:中华书局,2002年,第159、203—204、334—336页。

[2] 徐元诰:《国语集解》,北京:中华书局,2002年,第98页。

[3] 《左传·隐公八年》,阮元校刻《十三经注疏·春秋左传正义》,北京:中华书局,1980年,第75页。

[4] 为了说明这一点还可举出两个比较典型的例证。《战国策·秦策》二载:"曾子处费,费人有与曾子同名族者而杀人"(刘向集录,范祥雍笺证,范邦瑾协校:《战国策笺证》,上海:上海古籍出版社,2011年,第252页);《吕氏春秋·异宝》载五(伍)员逃亡时,"丈人度(渡)之,绝江,问其名族"(许维遹:《吕氏春秋集释》,北京:中华书局,2009年,第232页);皆以族为"姓"之义,"名族"即名姓、

一、论中国古史的氏族时代

考究氏、姓,应该用历史主义的观点。顾炎武虽然没有提到这种观点,但从他的论述里,可以看出他实际上注意到了这个问题。《日知录》卷23说:"言姓者,本于五帝……自战国以下之人,以氏为姓,而五帝以来之姓亡矣。"[1] 元代儒士史伯璿亦有此类说法,谓:"三代以后,皆无所谓姓,只有氏而已。故后世但曰姓某氏,而不敢曰某姓某氏。盖姓不可考,故但虚其姓于氏之上,而实其氏于下。"[2] 将氏理解为姓,是战国以后的事情,战国以前并不作如是观。前面提到的那些远古时代的"氏",如陶唐氏、高阳氏等,都是东周时人的说法,并不表示五帝的时代就已经有了"氏"称。卜辞和彝铭以及古文献材料都可以证明"氏"称为后起。夏商时代及其以前人们并不以"氏"为族称。卜辞表明,商代表示族的意义的是"生(姓)""族""旅"等

姓名。郑玄注《周礼·司市》引郑众语谓:"百族,百姓也。"(郑玄注、贾公彦疏:《周礼注疏》,阮元校刻:《十三经注疏(附校勘记)》,台北:艺文印书馆,2001年,第219页)总之,姓、族一致,这是上古时代习见之事。

[1] 《日知录》卷二十三,顾炎武著,黄汝成集释,栾保群、吕宗力校点《日知录集释:全校本》,上海:上海古籍出版社,2006年,第1275—1276页。

[2] 顾栋高:《春秋大事表》,北京:中华书局,1993年,第1150页。

字。据专家研究，西周金文中的"氏"字，"象注旗于竿首之形"[1]。"氏"的这种造字本义，与族字相似。甲骨文和金文的族字之形从旗从矢，喻聚集大众于一个大旗之下。金文的氏字没有"族"这么大的气势，只是悬挂旗帜于竿首，盖喻小族之意。关于氏、族两字之意，顾炎武之说最得真谛。《日知录》卷23谓："氏、族，对文为别，散则通也。故《左传》云：'问族于众仲'，下云：'公命以字为展氏'是也。其姓与氏散亦得通，故《春秋》有姜氏、子氏，姜、子皆姓而云氏是也。"[2]

如果要用最简单的词语概括，那就可以说"氏即是族"[3]，并且依然是由血缘关系所决定的族，与"姓"并无根本区别。氏之所以在周代提出并且普遍行用，是因为族的大发展之形势所需要。同一祖先的大族，

[1] 徐中舒：《徐中舒历史论文选辑》（下册），北京：中华书局，1998年，第808页。除了徐先生的这种解释以外，尚有谓"氏"字为"根柢"之形者，认为姓氏之氏即由根柢之义引申；还有的专家谓"氏"字为匙之初文，其上端有枝者乃为挂于鼎唇所用而防其坠。比较诸家所论，徐先生的说法近是。

[2] 《日知录》卷二十三，第1277页。

[3] 这里可举一例，据《左传》定公四年载，周公封鲁时所给予的劳动力是"殷民七族"，这七族称为陶氏、施氏、繁氏等，可见氏即为族。（此为封卫康叔者，阮元校刻：《十三经注疏·春秋左传正义》，第948页。）

一、论中国古史的氏族时代

人口众多,需要分支,这些分支就是"氏"。郑玄谓"氏者,所以别子孙之所出"[1],可谓得"氏"字真谛。对于"氏"起决定作用的仍然是血缘关系,并不存在有领土或建立邦国的因素。上引远古时代的"氏"称,很难都用邦国的概念来解释。至于说到氏族与土地有一定的关系,这不独氏族为然。所有的族都必须生活于一定的区域中,但不能说这些族都是邦国。前人所谓"无土则无氏",如果理解为此氏即族,是可以的,如果以之作为氏与姓的区别则不可从。春秋时期,"氏"的称谓非常广泛,家族可以以之为称,甚至个人也可以以之为称,然而最常见的还是族称。从约定俗成的意义上说,先秦时期的族都可以称为"氏族"。这个"氏族"的概念所表示的就是摩尔根所说的"一个由共同祖先传下来的血亲所组成的团体"[2]。

我们对于"氏族"的概念如果有了比较一致的认识,那么,"氏族时代"的概念就很容易理解了。所谓

---

[1] 《史记·五帝本纪》集解引郑玄《驳(少"许慎")五经异义》语。(司马迁:《史记》,北京:中华书局,1959年,第46页。)
[2] 〔美〕摩尔根:《古代社会》(上册),杨冬莼、马雍、马巨译,北京:商务印书馆,1977年(1983年),第62页。

"氏族时代",就是氏族作为社会基本组织形式的历史时期。中国古史上的氏族时代的特色主要在于它没有随着原始时代的结束而终结。中国古代社会进入文明时代以后很久,氏族还是社会的基本组织形式,是社会的基本细胞。直到春秋中期以前,社会上还很少能够找到流离于氏族之外的人,甚至可以说几乎所有的社会成员——从各级贵族到普通劳动者——都生活在氏族之中。人在社会上的活动和影响通常是以氏族的面貌出现于社会历史舞台之上的。这些特色将在下面作较深入的探讨。

(四)中国氏族时代的特色

前辈专家很早就提出了"氏族时代"的概念,他们所说的"氏族时代"是等同于原始时代(或者说原始社会)的。而愚所提出的则是按照"长时段"理论思考之后所确定的概念。作为长时段的氏族时代,并不随原始社会的终结而结束,愚所说的"氏族时代",与由野蛮向文明的迈进不相联系,亦即野蛮与文明的分界并不是氏族时代结束的标识。这应当是中国古代社会发展的一个显著特色。这里的基本思路是：西方古代社会由野蛮进入文明时代的时候，氏族解体为其明显标志；而中国古代社会由野蛮进入文明时代的时候，氏族不仅长期存在，而且还有所发展。

在19世纪全面阐述古代社会由野蛮向文明迈进情况的是摩尔根。他将自己最重要的著作《古代社会》一书又命名为《人类从蒙昧时代经过野蛮时代到文明时代的发展过程的研究》，就点明了其研究的主题所在。他将人类社会的政治形态归纳为两种："第一种方式以人身、以纯人身关系为基础，我们名之为社会。这种组织的基本单位是氏族""第二种方式以地域和财产为基础，我们可以名之为国家"。"在古代社会里，这种以地域为基础的方式是闻所未闻的。这个方式一旦出现，古代社会与近代社会之间的界线就分明了。"摩尔根虽然在有些地方也在强调氏族组织的存在与否对于人类进入文明时代的重要性，如谓"氏族组织像是野蛮社会所留下的一片残襟被抛弃在一边"，但是从总体上看，他对于氏族组织存在与否所产生的巨大影响认识还不够，他多次强调的是文明社会"始于标音字母的发明和文字的使用"，对于社会结构变迁所产生的巨大影响还没有深入认识[1]。

恩格斯充分利用了摩尔根的研究成果,所撰写的《家庭、私有制和国家的起源》一书充分估计了社会结构变化的巨大影响。恩格斯从许多方面论析了氏族制度的解体是社会由野蛮时代进入文明时代的必由之路,在这个方面与摩尔根的论析基本上是一致的,只不过更强调了社会结构方面的变革对于社会发展的影响[2]。

应当肯定,恩格斯的结论是完全正确的。但同时也需要看到,恩格斯自己曾经强调这个结论只是"根据希腊人、罗马人和德意志人这三大实例"[3]进行的探讨。对于西方古代社会发展而言,这"三大实例"确

---

[1] 〔美〕摩尔根:《古代社会》(上册),杨冬莼、马雍、马巨译,北京:商务印书馆,1983年,第12、274页。

[2] 经典作家也注意到了在有些地区,文明时代的基础不一定意味着氏族制度的解体。马克思在研究俄国社会学家、历史学家科瓦列夫斯基的著作时,曾经对其书中"阿尔及利亚社会建立在血缘的基础上"的说法,强调所谓"血缘的"即"氏族的"(马克思:《科瓦列夫斯基〈公社土地占有制,其解体的原因、进程和结果〉一书摘要》,北京:人民出版社,1965年,第106页)。显然,马克思实际上是肯定阿尔及利亚社会是建立在氏族的基础上的。

[3] 中共中央马克思恩格斯列宁斯大林著作编译局:《马克思恩格斯选集》第四卷,北京:人民出版社,1972年,第154页。

一、论中国古史的氏族时代

实具有典型性。可是就世界的范围看,中国和许多地区的情况与这三大实例并不相同。中国古代由野蛮时代向文明时代迈进的时候,氏族组织长期存在,氏族与阶级、国家长期并存,它并没有"为阶级所炸毁",也没有"被国家所代替"。在进入文明时代很久以后,氏族组织还焕发着活力,产生着影响。质言之,中国古史上的氏族时代特色就在于它存在的长期性、普遍性和对于新的社会形势的很强的适应性。

关于我国古史上氏族存在的普遍性,在这里不拟进行全面论析[1],只举出一些东周时期文献中关于氏族的记载稍作说明。东周时代的历史文献,如《左传》《国语》等,关于氏族的记载俯拾皆是,在此仅举涉及社会观念的两条材料:

> 夫鬼神之所及,非其族类,则绍其同位,是故天子祀上帝,公侯祀百辟,自卿以下不过其族。[2]

---

[1] 关于夏商时代的氏族情况,请参阅拙稿《我国文明时代初期的社会发展道路及夏代社会性质研究》(《史学理论研究》1996年3期)、《夏商社会性质论纲》(《光明日报》1998年5月22日)等文。
[2] 徐元诰:《国语集解》,北京:中华书局,2002年,第437页。

> 凡诸侯之丧,异姓临于外,同姓于宗庙,同宗于祖庙,同族于祢庙。[1]

这两条材料说明,东周时人祭祀鬼神和举行丧礼时,其范围依"族"为转移的情况,本族以外的鬼神是不能随便祭祀的。此亦即《左传》僖公十年所载"神不歆非类,民不祀非族"与僖公三十一年所载"鬼神非其族类,不歆其祀"[2]之义。从社会观念的情况看,直到战国中期,宗族还有巨大影响,以至于人们定出了这样的原则:"为父绝君,不为君绝父。为昆弟绝妻,不为妻绝昆弟。为宗族疾朋友,不为朋友疾宗族。"[3]在宗族、君主、家庭三者之间,宗族为主,家庭为辅,君主则次之。宗族的重要于此可见。关于国家与氏族(宗族)的关系,请看下面一条材料:

---

[1] 《左传·襄公十二年》,见阮元校刻《十三经注疏·春秋左传正义》,北京:中华书局,1980年,第548页。

[2] 《左传·僖公十年》《僖公三十一年》,见阮元校刻《十三经注疏·春秋左传正义》,北京:中华书局,1980年,第221、287页。

[3] 《郭店楚墓竹简·六德》,见荆门市博物馆编著《郭店楚墓竹简》,北京:文物出版社,1998年,第188页。

一、论中国古史的氏族时代

> 公族,公室之枝叶也,若去之,则本根无所庇荫矣。葛藟犹能庇其本根,故君子以为比,况国君乎?此谚所谓"庇焉而纵寻斧焉"者也。[1]

所谓"公族",即各诸侯国君主的子弟所形成的诸族。国君要实现对诸侯国的统治,当然要靠国家机器,但在春秋时期却还离不开"公族"的强大。公族和国君犹如枝叶与本根那样相互依靠。国君最为核心的依靠力量是公族,然后才有势力和影响去统治本诸侯国内的数量庞大的氏族。如果公族衰落了,公室也必然随之没落。《左传》昭公三年晋臣叔向谓"公室将卑,其宗族枝叶先落,则公从之"[2],《尹文子·大道》篇谓"少子孙,疏宗族,衰国也"[3],都道出了个中奥妙。

关于国家政权与普遍存在的氏族(宗族)的关系,《管子·版法解》谓:"凡人君者,覆载万民而兼有之,

---

[1] 《左传·文公七年》,见阮元校刻《十三经注疏·春秋左传正义》,北京:中华书局,1980年,第316页。
[2] 《左传·昭公三年》,见阮元校刻《十三经注疏·春秋左传正义》,北京:中华书局,1980年,第723页。
[3] 《尹文子》,见钱熙祚校《诸子集成》(第六册),北京:中华书局,2006年,第8页。

烛临万族而事使之"[1]。所谓的"烛临万族"实际上并非国君一人所可担纲者,应当是国君依靠其公室与公族形成了强大力量的结果。国君对于诸侯国的统治,关键在于管理好广泛存在的氏族,使之和睦相处,"公修公族,家修家族,使相连以事,相及以禄,则民相亲矣"[2]。在地方行政组织与氏族(宗族)同时并存的情况下还应当使这两者和平相处,"州县乡党与宗族足怀乐"[3],唯有如此才能保证国家的稳固。宋国在春秋后期,就以"三族共政"[4],维持了国家的安定。战国时期写定的《黄帝四经·论》篇谓:"臣不亲其主,下不亲其上,百族不亲其事,则内理逆矣。逆之所在,胃(谓)之死国,伐之。"[5]说明对于国家政权中君主的管

---

[1] 《管子·版法解》,见黎翔凤撰《管子校注》,北京:中华书局,2004年,第1203页。

[2] 《管子·小匡》,见黎翔凤撰《管子校注》,北京:中华书局,2004年,第411页。

[3] 《管子·九变》,见黎翔凤撰《管子校注》,北京:中华书局,2004年,第898页。

[4] 《左传·哀公二十六年》,见阮元校刻《十三经注疏·春秋左传正义》,北京:中华书局,1980年,第1053页。

[5] 陈鼓应注译:《黄帝四经今注今译》,北京:商务印书馆,2016年,第141页。

理功能来说，既有君对于臣的管理，又有君主对于"百族"的管理，两者都不可少。另一方面，国家又是族的保护力量，春秋时宋国贵族谓"弃官，则族无所庇"[1]，实将自己在朝廷中的官位看成本氏族（宗族）的庇护。春秋时期贵族常以"守其官职，保族宜家"[2]为其主要职责，正是基于氏族（宗族）与国家相互依赖这一基本格局。时贤专家或谓"家国同构"是中国古代社会形态特征之一。按照我们对于氏族时代的理解，在先秦时代，与其说"家国同构"，毋宁说是"族国同构"更为合适些[3]。

东周时人由于氏族发展绵延时代久远，一般人对于本族的历史由来已经渺茫，所以有"非教不知生之

---

[1] 《左传·文公十六年》，见阮元校刻《十三经注疏·春秋左传正义》，北京：中华书局，1980年，第348页。
[2] 《左传·襄公三十一年》，见阮元校刻《十三经注疏·春秋左传正义》，北京：中华书局，1980年，第690页。
[3] 当然，邦国与氏族（宗族）的关系也不绝对是相互依赖，有时候也会产生矛盾。例如郑国"国小而逼，族大宠多"（《左传·襄公三十年》，见阮元校刻《十三经注疏·春秋左传正义》，第684页。）就成为子产婉拒执政之职的托辞。但是，尽管如此也不妨碍我们关于氏族在东周时期依然普遍存在于社会之上的论析，不影响关于宗族与国家关系密切的基本判断。

族也"[1]的说法,甚至对于国君之子还要"教之《训典》,使知族类,行比义焉"[2],郑国赞扬公孙挥担负辨明"其大夫之族姓"[3]能力。正由于社会成员普遍都生活于大大小小不同的氏族(宗族)之中,所以普遍关心自己宗族的渊源,要向知识渊博者请教,要考究《训典》一类的记载以明确"族姓"[4],以致有专门辨"族姓"的职官。氏族的普遍性于此也可窥见一斑。

(五)中国古史的氏族时代之发展变化

中国古史上时间漫长的氏族时代,可以大体上分为四个发展阶段。今试对这四个阶段进行简明论析,以求说明各个阶段的发展概况。

---

[1] 《国语·晋语一》,见徐元诰撰《国语集解》,北京:中华书局,2002年,第248页。

[2] 《国语·楚语上》,见徐元诰撰《国语集解》,北京:中华书局,2002年,第486页。

[3] 《左传·襄公三十一年》,见阮元校刻《十三经注疏·春秋左传正义》,北京:中华书局,1980年,第688页。

[4] 这种辨姓之举在古代长期延续,东汉末年王符作《潜夫论》,特意依照"君子多识前言往行"的原则写出《志氏姓》一篇辨析氏族源流。

一、论中国古史的氏族时代

第一阶段：从远古至五帝时期

这是氏族出现和初步发展的时期。氏族的出现在目前大概可以追溯到属于旧石器时代晚期的山顶洞人[1]。在山顶洞文化遗址发现了其宽广的居住遗址和公共墓地，其文化遗物有许多并非山顶洞地区所有，远者可有200公里的距离，这样大的活动范围应当是氏族活动的结果。进入新石器时代以后，氏族活动的范围明显扩大，从相关的考古资料看，已经形成了各具特色的地域文化，反映了各氏族的联系正在加强。到了新石器时代晚期的龙山文化阶段，地域广大的文化区域已经形成。从当时分布甚广的城市遗址看，部落联盟已经有了不小的规模。这些都与古代典籍关于"五帝"的记载相吻合。据《尚书·尧典》《大戴礼记·五帝德》《史记·五帝本纪》等的记载，在黄帝、颛顼、帝喾、尧、舜的时代已经形成了一个以黄帝族为核心的社会权力中心。春秋时人还能够历数五帝时期属于

---

[1] 山顶洞人的时代，过去一般认为距今18 000年，近年，专家测定距今27 000年左右，时代最早的下窨底部则距今34 000年。这与当时的气候及在山顶洞所发现的动物化石情况相符合。

黄帝族的高阳氏、高辛氏的组成情况，《左传》文公十八年谓：

> 昔高阳氏有才子八人：苍舒、隤敳、梼戭、大临、尨降、庭坚、仲容、叔达，齐、圣、广、渊、明、允、笃、诚，天下之民谓之八恺。高辛氏有才子八人：伯奋、仲堪、叔献、季仲、伯虎、仲熊、叔豹、季狸，忠、肃、共、懿、宣、慈、惠、和，天下之民谓之八元。此十六族也，世济其美，不陨其名。

除了作为主体的黄帝族以外，还有与黄帝族敌对的"四凶族"——"浑敦、穷奇、梼杌、饕餮"，他们在斗争中失败，被"投诸四裔"[1]，驱逐到边远地区。

第二阶段：夏商时期

这是氏族广泛发展的阶段。氏族继续作为社会上的基本生产单位而不断壮大规模和增加数量。甲骨卜辞里面有不少关于商代氏族的记载，可以说离开氏族

---

[1]《左传·文公十八年》，见阮元校刻《十三经注疏·春秋左传正义》，北京：中华书局，1980年，第352—355页。

一、论中国古史的氏族时代

就无从探讨商代的社会组织和社会面貌。早在20世纪50年代初期,徐中舒先生就曾经指出:"殷、周社会的基层组织是有根本的不同:就是殷代是彻头彻尾的氏族组织,……殷代帝王也不过是当时的一个大部落的酋长。"周初分封时,曾以"殷民七族"[1]封赏卫康叔。表明这七族都是商王朝的主要劳动力。关于夏商时代氏族的基本情况,司马迁曾经进行过综述。《史记·夏本纪》:"禹为姒姓,其后分封,用国为姓,故有夏后氏、有扈氏、有男氏、斟寻氏、彤城氏、褒氏、费氏、杞氏、缯氏、辛氏、冥氏、斟戈氏。"《史记·殷本纪》:"契为子姓,其后分封,以国为姓,有殷氏、来氏、宋氏、空桐氏、稚氏、北殷氏、目夷氏。"[2]值得注意的是,司马迁对于夏、商王朝情况的概述如出一辙,可见在太史公的眼里,夏商王朝确是十分类似的,其最主要的类似之处在于夏、商王朝都拥有大量的氏族,那时还丝毫见不到编户齐民的踪影。人们在夏商时代的社会上所能看到的只是氏族,说氏族是夏

---

[1]《左传·定公四年》,见阮元校刻《十三经注疏·春秋左传正义》,北京:中华书局,1980年,第948页。
[2] 司马迁:《史记》,北京:中华书局,1959年,第89、109页。

31

商时代社会具有最普遍意义的社会组织形式，应当说是一点也不过分的。

第三阶段：西周春秋时期

这个时期，氏族发展的关键是适应新的社会局势而大量涌现宗族。这些随分封制而兴起的宗族成为社会上最基本的组织单位。可以说宗族就是随着周代分封制的实施而产生的贯彻宗法精神的氏族。康王时器《明公簋》谓"唯王令明公遣三族伐东国"，《班簋》谓"以乃族从父征"，都是以族为单位参加周王征伐的明证。《毛公鼎》谓周宣王曾经命令毛公"以乃族干（捍）吾（敔）王身"[1]，都可以说明"族"对于周王朝稳固的重要。直到春秋时期，宗族仍然影响巨大。这里可以晋国为例进行说明，《左传》昭公五年载：

> 韩起之下，赵成、中行吴、魏舒、范鞅、知盈；羊舌肸之下，祁午、张趯、籍谈、女齐、梁丙、张骼、辅跞、苗贲皇，皆诸侯之选也。韩襄为公族大夫，

---

[1]《鲁侯尊》《班簋》《毛公鼎》，马承源主编《商周青铜器铭文选》（第三册），北京：文物出版社，1988年，第35、108、317页。

一、论中国古史的氏族时代

韩须受命而使矣;箕襄、邢带、叔禽、叔椒、子羽,皆大家也。韩赋七邑,皆成县也。羊舌四族,皆强家也。晋人若丧韩起、杨肸,五卿、八大夫辅韩须、杨石,因其十家九县,长毂九百,其余四十县,遗守四千。[1]

这个记载说明春秋后期晋国社会上最有影响的韩、赵、中行、魏、范、知、羊舌、祁等"大家""强家",亦即大族、强族。这些强宗大族不仅经济实力雄厚,而且拥有相当可观的军事力量,直令强大的楚国都不敢小觑。

这个时期,社会上开始出现不属于宗族的人士,这些人士虽然出身自宗族,但由于其所从事的职业的缘故,与本宗族实际上脱离了关系。最早游离出氏族者可能是一批文化知识的拥有者亦即士人。例如春秋时期楚乐师锺仪被囚于晋,晋景公"问其族",锺仪

---

[1] 《左传·昭公五年》,见阮元校刻《十三经注疏·春秋左传正义》,北京:中华书局,1980年,第747页。

回答说"泠人也"[1]。乐师不回答其宗族名称,而以"泠人"——乐官这种职业作答,可见锺仪(甚至包括其先辈)已经脱离了本族而专职司于乐官之业。于此我们还可举出两例再作探讨:

> 黄鸟黄鸟,无集于榖,无啄我粟,此邦之人,不我肯谷。言旋言归,复我邦族。黄鸟黄鸟,无集于桑,无啄我粱。此邦之人,不可与明。言旋言归,复我诸兄。黄鸟黄鸟,无集于栩,无啄我黍。此邦之人,不可与处。言旋言归,复我诸父。[2]
>
> 问独夫、寡妇、孤寡、疾病者几何人也?问国之弃人,何族之子弟也?问乡之良家,其所牧养者几何人矣?问邑之贫人,债而食者几何家?问理园圃而食者几何家?人之开田而耕者几何家?士之身耕者几何家?问乡之贫人何族之别也?问宗子之收昆弟者,以贫从昆弟者几何家?

---

[1] 《左传·成公九年》,见阮元校刻《十三经注疏·春秋左传正义》,北京:中华书局,1980年,第448页。

[2] 《诗经·黄鸟》,见阮元校刻《十三经注疏·毛诗正义》,台北:艺文印书馆,2001年,第379—380页。

一、论中国古史的氏族时代

余子仕而有田邑,今入者几何人?子弟以孝闻于乡里者几何人?余子父母存,不养而出离者几何人?士之有田而不使者几何人?吏恶何事?士之有田而不耕者几何人?身何事?君臣有位而未有田者几何人?外人之来从而未有田宅者几何家?国子弟之游于外者几何人?贫士之受责于大夫者几何人?[1]

这两例材料,《黄鸟》属于《小雅》,应当是春秋时代的作品。《问》篇的著作时代盖在战国中期[2]。东周时期是一个社会大变革的时代,从社会结构的角度看,这正是氏族(宗族)与国家并存的典型时期。族既是普通社会成员的保护伞,又是一种束缚。上面这两条材料表明社会普通成员摆脱族的努力和处境之尴尬。离族出走者被称为"国之弃人",可见其受到歧视,甚至要查问他是"何族之子弟"。这样的人在外面没有办

---

[1] 《管子·问》,见黎翔凤撰《管子校注》,北京:中华书局,2004年,第486—487页。
[2] 《管子》一书内容驳杂,专家或谓其《轻重》诸篇写定于汉代,但是,《管子》的大多数篇章一般被认为出自稷下学派的学者之手,为当时的"论文集"。

法生活，只得"复我邦族"，返回到保护伞下。但是摆脱束缚毕竟是时代潮流。从春秋后期开始，士人逐渐登上社会历史舞台，他们既与自己出身的氏族（宗族）有联系，又服务于社会，可以远走他乡，也可以服务于乡里。孔子提出士人应当达到的基本标准就是"宗族称孝焉，乡党称弟焉"[1]。从摆脱族的束缚并由此而引起社会结构变革的角度看，可以说"士"是勇敢的先行者。

氏族时代在战国时期已临近尾声，《管子·问》篇似为当时的一篇户口统计提纲，它所统计的各类人员，典型地反映了当时社会人员的复杂面貌，既有自耕农民，又有氏族中人。就农民而言，既有"开田而耕者"，又有"士之身耕者"，还有"理园圃而食者"。其中提到的"国子弟之游于外者"，应当同于《黄鸟》诗中到他"邦"谋生的人。这样的复杂局面应当就是战国时期各国大变法前夕的社会情况。

---

[1]《论语·子路》，见阮元校刻《十三经注疏·论语注疏》，台北：艺文印书馆，2001年，第118页。

一、论中国古史的氏族时代

第四阶段：战国时期

这是中国古史的氏族时代结束的时期，也是由氏族时代迈向编户齐民时代的过渡阶段。随着各国变法运动的大规模展开，授田制日益普及，孟子曾经这样向魏惠王说到其所希望的农民的情况："百亩之田，勿夺其时，数口之家可以无饥矣。"[1]这个目标可以说在授田制之下基本上实现了。农民已不再完全是氏族（宗族）的成员，而是国家户口登记簿上的民众。商鞅主张治理国家应当做的大事就是"举民众口数，生者著，死者削。民无逃粟，野无荒草，则国富"[2]。"四境之内，丈夫女子皆有名于上，（生）者著，死者削。"[3]统计和管理户口只是手段，目的在于实行授田制。农民所耕种的田地由国家授予，并且由此而向国家交纳赋税，提供劳役。农民与国家的经济关系是直接的，中间没

---

[1]《孟子·梁惠王上》，见阮元校刻《十三经注疏·孟子注疏》，台北：艺文印书馆，2001年，第12页。

[2]《商君书·去强》，见蒋礼鸿撰《商君书锥指》，北京：中华书局，1986年，第32页。

[3]《商君书·境内》，见蒋礼鸿撰《商君书锥指》，北京：中华书局，1986年，第114页。

有了氏族（宗族）这个层次。氏族（宗族）对农民的保护伞的作用已经大为削弱。战国时期各诸侯国为了加强自己的力量而从氏族（宗族）那里将劳动者归于国家统治管理，直接从劳动者那里取得赋税，乃是势所必行的事情。随着授田制和户口管理制的实行，在战国后期，编户齐民已经迈向社会历史舞台。

"编户"之称顾名思义乃是编入国家户籍的民户，民户如果隐匿而不纳入国家户籍，就要受到惩罚。据《云梦秦简·法律答问》载，这种情况被定为"匿户"。按照秦国法律的定义，即"匿户弗徭、使，弗令出户赋之谓也"[1]，登记户口的做法在战国末年秦国称为"傅"。《云梦秦简·编年记》载"今元年，喜傅"[2]，指秦王政元年，名喜者的户口登于国家的户籍。从商鞅变法里，我们可以看到当时实行了严格的什伍制度，"令民为什伍，而相牧司连坐。不告奸者腰斩，告奸者与斩敌首同赏，匿奸者与降敌同罚"。为了增加纳赋税的户数，还规定"民有二男以上不分异者，倍其

---

[1]《睡虎地秦墓竹简》，北京：文物出版社，1978年，第222页。
[2]《睡虎地秦墓竹简》，北京：文物出版社，1978年，第6页。

赋","令民父子兄弟同室内息者为禁"[1]。秦汉以降，编户之民成为最普通的社会成员，《淮南子·俶真训》谓："夫鸟飞千仞之上，兽走丛薄之中，祸犹及之，又况编户齐民乎？"[2]类似的感叹也出自司马迁之口："千乘之王，万家之侯，百室之君，尚犹患贫，而况匹夫编户之民乎？"[3]普通劳动者的保护伞——氏族（宗族），在战国中期被强劲的变法之风吹飞了，国家通过编户制度将其牢牢地捆绑在自己的战车之上。这时候的民众不再单纯是某一氏族（宗族）的成员，而更重要的已经成为国家的人口——"齐民"。所谓"齐民"，当取义于整齐划一，在国家户籍上，民众皆整齐而一致，对于国家而言，大家都是老百姓，谁也不比谁高一头。在统治者看来，"齐民"乃是其统治的主要对象。《管子·君臣》下篇即谓："齐民食于力作本，作本者众，农以听命。是以明君立世，民之制于上，犹草木之制

---

[1] 《史记·商君列传》，见司马迁著《史记》，北京：中华书局，1959年，第2230、2232页。

[2] 《淮南子·俶真训》，见何宁撰《淮南子集释》，北京：中华书局，1998年，第160页。

[3] 《史记·货殖列传》，见司马迁著《史记》，北京：中华书局，1959年，第3256页。

于时也。"[1] 赵武灵王胡服骑射的时候，曾用"齐民与俗流，贤者与变俱"[2] 之语来说明变服易俗的道理。汉初吕后执政时，大臣们曾经称颂她"为天下齐民计所以安宗庙社稷甚深"[3]。这些都表明从战国后期到汉代，"齐民"已经是社会认可的普通民众名称。

"编户齐民"之称最早盖见诸《淮南子》，而《史记》则称为"编户之民"。这并非偶然的事情，因为汉代社会上编户齐民已经是最普通的劳动者的称谓，难怪《淮南子》的作者们和司马迁对他们的命运多并感而慨之了。编户齐民或称为"编户民"，据《汉书·高帝纪》记载，西汉初年吕后即有"诸将故与帝为编户民"之说，颜师古注谓"编户者，言列次名籍也"[4]。西汉昭帝时代的盐铁会议上，文学之士谓"宋、卫、韩、

---

[1] 《管子·君臣下》，见黎翔凤撰《管子校注》，北京：中华书局，2004 年，第 584—585 页。
[2] 《史记·赵世家》，见司马迁著《史记》，北京：中华书局，1959 年，第 1810 页。
[3] 《史记·吕太后本纪》，见司马迁著《史记》，北京：中华书局，1959 年，第 403 页。
[4] 班固：《汉书》，北京：中华书局，1962 年，第 79—80 页。

梁，好本稼穑，编户齐民，无不家衍人给"[1]。可见这时候的编户齐民主要指努力于本业——农业的编入国家户籍的民众。这应当是很长历史时期里的"编户齐民"的定义。

（六）余音袅袅

当秦王政以金戈铁马统一天下的时候，"氏族时代"已经是明日黄花了。若从社会结构的变化而言，秦的统一即标志着一个与"氏族时代"相对应的"编户齐民时代"的开始。然而，作为一个历史时代，它是不会一下子就从传统中销声匿迹的。氏族（宗族）以及宗法观念在秦汉以降很久，还深深地影响着我国社会，影响着文化观念。

在编户齐民时代，普通劳动群众往往身兼"齐民"与氏族（宗族）成员两种身份。在国家政权与宗族权力之间，前者更有权威性，《荀子·大略》篇载："一

---

[1] 《盐铁论·通有》，见王利器校注《盐铁论校注（定本）》，北京：中华书局，1992年，第42页。

命齿于乡,再命齿于族,三命,族人虽七十,不敢先",[1]证明这是在战国后期就已经奠定了格局的事情。秦汉以降,民众有邻里乡党比邻而居者,亦有聚族而居者。宗族往往成为国家政权的补充力量,领导宗族者多为年长德高望重者,称为"族长"或"族正"。清代规定:"聚族而居,丁口众多者,择族中有品望者一人,立为族正,该族良莠,责令查举。"[2]这类"族正",与官府之下的地方基层小吏有着类似之处[3]。然而,宗族的有些基本原则也有不变者,同族之人相互帮助的义务就是长期坚持的一项。同族之人,有丧事时,依血缘关系的亲疏服丧,墓地多聚族而葬[4]。宗族世代繁衍,

---

[1] 《荀子·大略》,见王先谦著《荀子集解》,北京:中华书局,1988年,第493页。

[2] 《清会典事例》中华书局影印本第二册,卷158《户部·户口》,北京:中华书局,1991年,第994页。

[3] 宗法制的核心在于嫡长子继承制,为族长者必须为作为嫡长子的"宗子",然而,秦汉以降,"宗法颠坠,豪宗有族长,皆推其长老有德者,不以宗子",这是宗法制的一大变动,然而又是适应社会形势不得不作出的变动。故而章炳麟说这是"礼极而迁,固所以为后王之道也"[《訄书·序种姓》(重订本),北京:生活·读书·新知三联书店,1998年,第184页]。

[4] 先秦时期,关于族葬就有较严格的规定,《荀子·礼论》说:"庶人之丧合族党,动州里,刑余罪人之丧不得合族党,独属妻子"(王

则立族谱排比世系。为了防止假冒，南北朝时期还曾有专门官员负责进行族谱及族人身份的核查事宜。颜之推《颜氏家训·风操》篇谓："同昭穆者，虽百世犹称兄弟。若对他人称之，皆云'族人'"，[1]同族之人有着自然亲近的情感。名门大族往往以高贵的族望而自诩。与国家政权基层机构并存的宗族，由于它是稳固国家统治的一个因素，所以国家政权在一般情况下，并不对世家大族采取敌对措施。有些历史时期的国家政权甚至建立在世家大族支持的基础之上，东汉和魏晋南北朝时期是为典型。《白虎通·宗族》篇谓："上凑高祖，下至玄孙，一家有吉，百家聚之，合而为亲，生相亲爱，死相哀痛，有会聚之道，故谓之族。"[2]这时所讲的族人中这种友爱联系，不唯汉代如此，而是在我国古代长期存在的现象，它是传统文化观念的重要支柱。

先谦：《荀子集解》，北京：中华书局，1988年，第360—361页），是为其例。

[1] 《颜氏家训·风操》，见王利器撰《颜氏家训集解》，北京：中华书局，1993年，第86页。

[2] 《白虎通·宗族》，见陈立撰《白虎通疏证》，北京：中华书局，1994，第398页。

总之，我们提出"氏族时代"的问题进行探讨，其学术意义大概在于研究社会结构在长时段里面的根本特点，从而对于社会性质问题的研究提供新的思路。"不识庐山真面目，只缘身在此山中。"如果越出社会性质问题的范围从新的角度进行考虑，或许相关的研究便会有新的启示。

二、从方国联盟的发展看殷都屡迁原因

（一）问题的提出

所谓殷都屡迁，主要指早商时期的殷都迁徙。早商时期指的是汤至盘庚这一历史时期。在汤以前的先商时期，殷都虽屡次迁徙，但基本上属于部落的流移，还算不得严格意义上的都邑迁徙。而盘庚以后的晚商时期则一直都于殷不再迁徙。史载早商时期的都邑迁徙情况是：成汤都亳；仲丁都嚣；河亶甲都相；祖乙都邢；南庚都奄；盘庚都殷。从成汤至盘庚共迁都五次。总结这些迁都的情况，可以这样概括殷都屡迁的特点：第一，迁徙的范围比较大，遍布了今天的河南、河北、山东等省的广大地区。第二，迁徙的次数比较多，所谓"殷人屡迁，前八后五"[1]就是这种情况的概括。第三，两次迁徙之间相隔的时间比较短，甚至一代或者两代就要迁徙一次。从这三个特点看，殷都屡迁确是"前不见古人，后不见来者"的一种独特的历史现象。因此，它也就引起了人们的广泛注意。

关于殷都屡迁原因的传统解释有"去奢行俭"说和"水灾"说两种；近代以来的解释有"游牧"说、"游农"说、"阶级斗争"说三种。这些解释都回避了这样一个问题：在大致相同的历史条件下为什么在先商、早商时期殷都屡迁，而晚商时期就不再迁徙了呢？晚商时期和早商一样有"水灾""游牧""阶级斗争"等的影响，为什么没有成为迁都的原因呢？历来关于殷都屡迁原因的解释所以不能令人满意，与回避了这个关键问题有直接的关系。我们应当从深刻的社会因素上去寻找殷都屡迁的原因。黎虎先生在《殷都屡迁试探》[2]一文中精辟地剖析了关于屡迁原因的诸种旧说，

---

[1] 张衡：《西京赋》，见张震泽校注《张衡诗文集校注》，上海：上海古籍出版社，2009年，第90页。
[2] 黎虎：《殷都屡迁试探》，见《北京师范大学学报》，1982年，第4期。

二、从方国联盟的发展看殷都屡迁原因

提出"比九世乱"和"恪谨天命"是屡迁的政治原因和思想原因。本文试图在这个基础上从新的角度,即从社会结构的角度进行一些补充性质的探讨,以求说明殷都屡迁是由殷代社会结构的发展变化所决定的。

殷代社会结构的根本特点是方国联盟占有着极重要的地位。而这一点恰恰在一个很长的时期里被人们忽略了。从战国秦汉时代开始,人们往往用对当时封建王朝的理解来推想古代社会的情况,把夏、商、周看成和秦、汉一样的封建专制帝国。孟子说,商代武丁时就"朝诸侯、有天下,犹运之掌"[1]。司马迁写《史记》分别为夏、商、周立了本纪,这是当时"大一统"的社会思潮对史学影响的结果。尽管这基本上反映了夏、商是我国古代文明的核心这一史实,但是,说夏的时候"九州攸同"[2],商汤时"践天子位,平定海内"[3],

---

[1] 《孟子·公孙丑上》,见阮元校刻《十三经注疏·孟子注疏》卷三上,北京:中华书局,1980年,第2684页。

[2] 《史记·太史公自序》,见司马迁著《史记》卷一百二十,北京:中华书局,1959年,第3301页。

[3] 《史记·殷本纪》,见司马迁著《史记》卷三,北京:中华书局,1959年,第96页。

从方国联盟到"天下一家"

周武王时"实抚天下"[1],这就未免乖戾于夏、商、周时代的实际历史进程。夏、商、周三代,特别是夏、商时代,还是方国林立的状态。这在古代文献里有不少记载,如《左传》哀公七年:"禹会诸侯于涂山,执玉帛者万国。"[2]《墨子·非攻》下:"古者天子之始封诸侯也,万有余。"[3]《吕氏春秋·用民》:"当禹之时,天下万国。"[4]《战国策·齐策》四:"大禹之时,诸侯万国,何则?德厚之道,得贵士之力也。故舜起农亩,出于野鄙,而为天子。及汤之时,诸侯三千。"[5]《晋书·地理志》:"春秋之初,尚有千二百国,迄获麟之末,见于经传者,百有七十国。"[6]这些材料表明,夏、商、

---

[1]《史记·太史公自序》,见司马迁著《史记》卷一百三十,北京:中华书局,1959年,第3301页。

[2]《左传·哀公七年》,见阮元校刻《十三经注疏·春秋左传正义》卷五十八,北京:中华书局,1980年,第2163页。

[3]《墨子·非攻下》,见孙诒让撰,孙启治点校《墨子闲诂》卷五,中华书局,2001年,第155页。

[4]《吕氏春秋·用民》,见许维遹撰,梁运华整理《吕氏春秋集释》卷十九,北京:中华书局,2009年,第523页。

[5]《战国策·齐策》,见刘向集录《战国策》卷十一,上海:上海古籍出版社,1998年,第409页。

[6]《晋书·地理志》,见房玄龄等著《晋书》卷十四,北京:中华书局,1974年,第411页。

二、从方国联盟的发展看殷都屡迁原因

周三代确实存在着为数众多的部落和方国。它们之间的分化、组合、联盟关系的发展和演变是当时社会历史进展的轴心。像殷都屡迁这样重大的社会政治问题应当而且可能从这里找到答案。

（二）商代方国联盟的形成

在商族发祥的历史上，商主要和有娀氏、有易氏、河伯族等发生联系。《诗经·商颂·长发》说："有娀方将，帝立子生商。"[1]《史记·殷本纪》说："殷契，母曰简狄，有娀氏之女。"[2] 这表明殷与有娀氏的关系是十分密切的。帝乙帝辛时期的卜辞里有殷王娶娀女为妇的记载[3]，这正如于省吾先生所分析，表明了"商代从先世契母简狄一直到乙帝时期还与有娀氏保持着婚

---

[1]《诗经·长发》，见阮元校刻《十三经注疏·毛诗正义》卷二十，北京：中华书局，1980年，第626页。

[2]《史记·殷本纪》，见司马迁著《史记》卷三，北京：中华书局，1980年，第91页。

[3] 见中国社会科学院历史研究所编《甲骨文合集》第12册，北京：中华书局，1982年，第38244片。本书下引此书只注《合集》片号。

媾关系"[1]。

先商时代殷活动的范围在今河北省中部和南部，以后又渐次南移至今河南省北部。殷与这个地区的有易族、河伯族也有联系。古代文献里保存有王亥、王恒、上甲微等与有易族、河伯族相互往来的史影。《山海经·大荒东经》说："有人曰王亥，两手操鸟，方食其头。王亥托于有易、河伯仆牛。有易杀王亥，取仆牛。河〔伯〕念有易，有易潜出。"[2]王亥托寄牛羊于有易、河伯，但王亥却被有易所杀，牛羊也被劫掠。关于王亥被杀的原因，郭璞注引《竹书》说："殷王子亥宾于有易而淫焉，有易之君绵臣杀而放之。"[3]《天问》更把这些形象化了："干协时舞，何以怀之？平胁曼肤，何以肥之？有扈牧竖，云何而逢？击床先出，其何所从？"[4]这里

---

[1] 于省吾：《略论图腾与宗教起源和夏商图腾》，见《历史研究》，1959年，第11期。

[2] 《山海经·大荒东经》，见袁珂校注《山海经校注》卷十四，成都：巴蜀书社，1993年，第404页。

[3] 《山海经·大荒东经》，见袁珂校注《山海经校注》卷十四，成都：巴蜀书社，1993年，第406页。

[4] 《天问》，见闻一多著《天问疏证》，北京：生活·读书·新知三联书店，1980年，第85—86页。

二、从方国联盟的发展看殷都屡迁原因

说王亥以干舞引诱"平胁曼肤"[1]的有易美女,终至被捉了奸的。最后,双方关系恶化,上甲微靠河伯的帮助才灭掉有易,使有易族居地成为一片荆榛丛生的废墟。这些史实说明在先商时殷并不强大,与周围的部族还没有形成牢固的联盟关系。

从王亥以后,殷比较注意了都邑的建设和占有地区的巩固。《天问》说王恒的时候"往营班禄,不但还来"[2]的"班禄"当即班麓,其地望在今河北徐水县。王恒时定居于班麓,而且与有易族仍有瓜葛,故"不但(读旦)还来",常不及旦明之时来往于两地。今河北省保定徐水一带是先商时期有易族活动地区,王恒的时候殷与有易族很可能有着密切的关系。到了上甲微的时候殷又南移与河伯相近。假若《路史·国名纪》卷三关于邺地为"上甲微居"之说可信,则殷的势力在上甲微时即已到达今殷墟一带。[3] 所谓先商时期的

---

[1] 闻一多:《天问疏证》,北京:生活·读书·新知三联书店,1980年,第85—86页。
[2] 《天问》,见闻一多著《天问疏证》,北京:生活·读书·新知三联书店,1980年,第86页。
[3] 文献所载与考古发掘材料是一致的。先商文化漳河型的中心分布地区是河北省的滹沱河与漳河之间的沿太行山东麓一线(见邹衡:《夏

"自契至于成汤八迁"[1],实际上是殷族的流移迁徙。在迁徙的过程中逐渐加强了部族间的联系,为早商时期方国联盟的形成准备了条件。

商代方国联盟是在成汤时期形成的。成汤所以能够灭夏,"正域彼四方"[2],创立了赫然卓然的丰功伟绩,与他致力于方国联盟的建立和巩固有直接关系。在汤的主持下,殷和有莘氏首先结成了牢固的联盟。有莘氏又称有侁氏,自先商时期开始就居于今河南省开封、陈留等地。这一带直到春秋时还被称为"有莘之虚"[3]。汤的时候,殷居于今河南省郑州、安阳一带,位于有莘氏的西面,所以《天问》说:"成汤东巡,有莘爰极,何乞彼小臣,而吉妃是得。"[4] 成汤亲自东巡,娶

商周考古论文集》,北京:文物出版社,1980年,第118页),这正是文献所载先商时期殷人由北而南迁徙的路线。

[1] 《尚书·商书》序,见阮元校刻《十三经注疏·尚书正义》卷七,北京:中华书局,1980年,第158页。

[2] 《商颂·玄鸟》,见阮元校刻《十三经注疏·诗经正义》卷二十,北京:中华书局,1980年,第623页。

[3] 《左传》,见阮元校刻《十三经注疏·春秋左传正义》卷十六,北京:中华书局,1980年,第1825页。

[4] 《天问》,见洪兴祖撰,黄灵庚点校《楚辞补注》,上海:上海古籍出版社,2015年,第163页。

二、从方国联盟的发展看殷都屡迁原因

有莘氏女。有莘氏派伊尹作为部族的代表赴殷结成联盟。后来由于成汤被塑造成为封建帝王的形象,所以这件史实便成了帝王纳后妃的热闹场面。但是不少古代文献里也还保存着殷与有侁氏联盟的史影。《吕氏春秋·本味》说:

> 其(按,指伊尹)母居伊水之上,孕,梦有神告之曰:臼出水而东走,毋顾。明日,视臼出水。告其邻,东走十里而顾,其邑尽为水;身因化为空桑,故命之曰伊尹……长而贤,汤闻伊尹,使人请之有侁氏。有侁氏不可。伊尹亦欲归汤。汤于是请取妇为婚,有侁氏喜,以伊尹媵女。汤得伊尹……设朝而见之。[1]

有侁氏是一个居于"伊水之上"的古老部族,通过联姻与殷结成联盟。结盟之后,有侁氏和伊尹对于殷灭夏建立了巨大功勋,《叔夷钟》说:"成唐(汤)又(有)敢(严)在帝所,敷受天命,翦伐夏后,敗厥灵师。

---

[1]《吕氏春秋·本味》,见许维遹撰,梁运华整理《吕氏春秋集释》卷十四,北京:中华书局,2009年,第310—313页。

伊小臣佳惟(辅),咸有九州。"[1]这里对伊尹的辅弼之功作了充分肯定。后来,伊尹被称为"汤师小臣"[2]受到殷人隆重祭祀。卜辞说:

> 丙寅贞又彳岁于伊尹二牢。[3]
> 伊尹岁十牛。[4]
> 贞又彳伐于伊,其彳大乙彡。[5]
> 癸丑卜上甲岁伊宾。[6]

这些卜辞表明,在殷人看来,伊尹的地位与成汤、上甲等名王不相上下,连伊尹的妻子也被认为有呼风唤雨的神力而受到尊崇。[7]伊尹在成汤死后曾经"放太

---

[1] 《叔夷钟》,《集成》285。
[2] 《吕氏春秋·尊师》,见许维遹撰,梁运华整理《吕氏春秋集释》卷四,北京:中华书局,2009年,第91页。
[3] 《合集》33273。
[4] 《合集》27655。
[5] 《合集》32103。
[6] 《合集》27057。
[7] 《合集》34151 "乙丑贞宁风于伊奭。"《合集》34214 "其来雨于伊奭。"按照卜辞通例,伊奭即伊尹的配偶。

二、从方国联盟的发展看殷都屡迁原因

甲于桐，乃自立"[1]，一度掌握了最高的权力。这就是《天问》所说的汤"受礼天下，又使至（又读挚、伊尹名）代之"[2]。伊尹的儿子伊陟在大甲和大戊时是"格于上帝""又于王家"[3]的显赫人物。伊尹的后代也受殷人的祭祀，如："癸酉卜，又伊五示。"[4]"又岁于伊廿示又三。"[5]"丁巳卜又于十立（位）伊又九。"[6]《吕氏春秋·慎大览》说伊尹"世世享商"[7]，《天问》说伊尹"尊食宗绪"[8]，与卜辞所记均相符合。这些情况说明从成汤时开始殷与有莘氏结成了长时期的牢固联盟。到了晚商时期，有莘氏与殷的关系仍然十分密切。卜辞中

---

[1] 方诗铭、王修龄：《古本竹书纪年辑证》，上海：上海古籍出版社，1981年，第23页。

[2] 《天问》，见洪兴祖撰，黄灵庚点校《楚辞补注》，上海：上海古籍出版社，2015年，第163页。

[3] 《尚书·君奭》，见阮元校刻《十三经注疏·尚书正义》卷十六，北京：中华书局，1980年，第223页。

[4] 《合集》32722。

[5] 《合集》34123。

[6] 《合集》32786。

[7] 《吕氏春秋·慎大览》，见许维遹撰，梁运华整理《吕氏春秋集释》卷十五，北京：中华书局，2009年，第356页。

[8] 《天问》，见洪兴祖撰，黄灵庚点校《楚辞补注》，上海：上海古籍出版社，2015年，第163页。

有地名"先",属于殷的直辖区域,当即有莘佚氏的故地。其首领在殷王朝中任职,称为"亚先""先伯"[1]。后世的殷王有时也和成汤一样从有莘氏娶妇,称为"妇先"[2]。

在早商时期的方国联盟中,除了有莘氏之外,还有彭、韦、邳、爻、相、井、奄等。但殷与有莘氏的联盟则是方国联盟的核心。史载"汤与伊尹盟,以示必灭夏"[3],可见汤灭夏与这个联盟是很有关系的。只要我们拂去成汤和伊尹关系上的圣君贤臣的光环和幻影,剩下的便只是方国联盟的真实历史画面。

成汤灭夏以后,方国联盟有很大发展。《吕氏春秋·当国》就有汉南四十国归服成汤的记载。许多方国和部落的首领对早商时期的方国联盟做出了贡献,所以受到殷人的祭祀和赞颂。这些首领见于文献和卜辞记载者有成汤时的伊尹,大甲时的保衡,大戊时的伊陟、巫咸等人。尽管后人往往视他们为商王的贤臣

---

[1] 《合集》5687、20072。
[2] 《合集》6349。
[3] 《吕氏春秋·慎大览》,见许维遹撰,梁运华整理《吕氏春秋集释》卷十五,北京:中华书局,2009年,第355页。

二、从方国联盟的发展看殷都屡迁原因

良相，但殷人却是对他们毕恭毕敬、视同先王一样的。在早期卜辞中，他们受祭的情况并不比殷先王的受祭逊色。盘庚曾经对诸邦伯说：

> 迟任有言曰："人惟求旧，器非求旧，惟新。"古我先王，暨乃祖乃父，胥及逸勤，予敢动用非罚，世选尔劳，予不掩尔善。兹予大享先王，尔祖其与从与享之。[1]

这里说的"乃祖乃父"就是早商时期的诸方国首领，也就是卜辞中的"旧臣"[2]"旧老臣"[3]，所谓"人惟求旧"的"旧"即指这些人。盘庚认为殷王是和这些人一起"胥及逸勤"、共同掌握赏罚大权的。卜辞里诸方国首领和殷先王一同受祭的情况，与盘庚所说"大享先王，尔祖其从与享之"完全契合。这些都渗透原始民主平等精神，用盘庚的话来说，就是"古我先王亦

---

[1] 《尚书·盘庚上》，见阮元校刻《十三经注疏·尚书正义》卷九，中华书局，1980年，第169页。
[2] 《合集》3523。
[3] 《合集》3522正。

惟图任旧人共政！"[1]"共政"的情况乃是早商时期社会政治结构的基本格局。成汤及其以后的早商时期的殷王正是通过"共政"的形式导演出了威武雄壮的历史进展的大场面，取得了空前的巨大功绩。后来周人演成汤故事，亦靠方国联盟的力量灭商而代之。所以周人对于成汤时期的方国联盟很有些精辟的说明。周公曾经对殷的所谓"诸侯"，即诸方国首领说："乃惟成汤，克以尔多方，简代夏，作民主。"[2]周公认为灭夏是成汤与"多方"共同建立的功勋。周公还对周王室的官吏说："我闻在昔，成汤既受命，时则有若伊尹，格于皇天。"[3]成汤"受命"与伊尹"格于皇天"有着密切关系，周公的这个说法是有历史根据的。伊尹及其后人曾在殷王朝担任巫职，这正是"格于皇天"的勾当。以殷与有莘氏为核心的方国联盟的成功是周人所借鉴的重要历史经验之一。

---

[1]《尚书·盘庚上》，见阮元校刻《十三经注疏·尚书正义》卷九，北京：中华书局，1980年，第169页。

[2]《尚书·多方》，见阮元校刻《十三经注疏·尚书正义》卷十七，北京：中华书局，1980年，第228页。

[3]《尚书·君奭》，见阮元校刻《十三经注疏·尚书正义》卷十六，北京：中华书局，1980年，第223页。

二、从方国联盟的发展看殷都屡迁原因

（三）早商时期方国联盟的特点

方国联盟不仅贯穿于有殷一代，而且存在于夏、周两朝。可是早商时期的方国联盟却是最典型、最具有特色的。它不仅在那个时代的社会政治结构中占有极重要的地位，而且就联盟本身来看也具有许多重要特点。

第一，早商时期的方国联盟具有浓厚的原始民主、平等性质。《史记·殷本纪》说：

> 汤出，见野张网四面。祝曰："自天下四方皆入吾网。"汤曰："嘻！尽之矣。"乃去其三面，祝曰："欲左，左。欲右，右。不用命，乃入吾网。"诸侯闻之，曰："汤德至矣，及禽兽。"[1]

---

[1]《史记·殷本纪》，见司马迁著《史记》卷三，北京：中华书局，1959年，第95页。

从方国联盟到"天下一家"

诸方国的首领所以能"毕服"[1]于殷，与成汤所彪炳的平等、民主原则有很大关系。虽然存在着联盟关系，但各方国、部落仍是自由的。"欲左，左；欲右，右"，有了这种原始民主原则，才使得方国联盟在早商时期不断发展。平等的联盟关系在早商时期一直存在，直到盘庚迁殷时的诰命里尚可看得出来。《尚书·盘庚》三篇所记盘庚诰训的对象是"邦伯、师长、百执事之人"[2]。所谓"师长、百执事"，即殷的"内服"，也就是殷直属的各种官吏。所谓"邦伯"，即殷的"外服"，也就是《酒诰》说的"越在外服：侯、甸、男、卫邦伯"[3]，亦即诸方国首领。盘庚是这样讲述他与这些人的关系的：

> 古我先后既劳乃祖乃父，汝共作我畜民。汝有戕则在乃心，我先后绥乃祖乃父，乃祖乃父乃

---

[1] 《史记·殷本纪》，见司马迁著《史记》卷三，北京：中华书局，1959年，第96页。
[2] 《尚书·盘庚下》，见阮元校刻《十三经注疏·尚书正义》卷九，北京：中华书局，1980年，第172页。
[3] 《尚书·酒诰》，见阮元校刻《十三经注疏·尚书正义》卷十四，北京：中华书局，1980年，第207页。

二、从方国联盟的发展看殷都屡迁原因

断弃汝,不救乃死!兹予有乱政同位,具乃贝玉,乃祖乃父,丕乃告我高后曰:"作丕刑于朕孙!"迪高后丕乃崇降弗祥。[1]

这些人的祖、父先辈跟殷人的"先后"是平等的。这些人的祸福和命运并不由殷人的"先后"掌握。这些人犯了过错必须经过他们的成为神灵的先辈同意,才能"崇降弗祥",大大地降下灾祸。盘庚还对这些人说,如果你们不跟我一条心,殷的"先后"就会这样责怪你们:"曷不暨朕幼孙有比!"应当特别注意这句话里的"比"字。在盘庚看来,诸方国和殷的关系准则便是"比"。比,甲文作"㸚",为二人平臂向前斜举之形。《尚书·牧誓》的"比尔干",谓举起你的干,即用"比"的本义。在古代文献中,"比"亦用作亲近友善之义,《尚书·盘庚》和卜辞中的"比"即是这种用法。殷代被"比"者主要是侯、甸、男、卫之类的邦伯,如:"贞叀……令比✡侯。"[2] "贞,王叀而伯

---

[1] 《尚书·盘庚中》,见阮元校刻《十三经注疏·尚书正义》卷九,北京:中华书局,1980年,第171页。
[2] 《合集》3310。

比伐……方。"[1] "辛巳卜㱿贞,王比易伯蘉。"[2] "乎比丹伯。"[3] "癸亥卜王贞,余比侯专。"[4] "勿比囗任。"[5] 上引最末一条卜辞,"囗"为人名,又称"囗任"。[6] 任,古通男,所以"囗任"即"囗男",为囗地的邦族首领,和而伯、侯专等相类似。早商时期的方国首领见之于文献记载的有《孟子·滕文公》里的"葛伯"[7],《国语·郑语》里作为"商伯"的"大彭、豕韦"[8]等。它们与殷的关系具有原始民主、平等的性质,盘庚所说关于"比"的一番话就是明证。

早商时期方国联盟的第二个特点是依靠神权作为维系诸方国的主要纽带,而不以行政命令为主要手段。请看《诗经》关于成汤能成就伟业的原因的叙述:"帝

---

[1] 《合集》809。
[2] 《合集》3380。
[3] 《合集》716。
[4] 《合集》3346。
[5] 《合集》13490。
[6] 见《合集》7859.8前、21066.2、7854.2前。
[7] 《孟子·滕文公下》,见阮元校刻《十三经注疏·孟子注疏》卷六,北京:中华书局,1980年,第2712页。
[8] 《国语·郑语》,见上海师范大学古籍整理研究所校点《国语》卷十六,上海:上海古籍出版社,1998年,第511页。

二、从方国联盟的发展看殷都屡迁原因

命不违,至于汤齐。汤降不迟,圣敬日跻。昭假迟迟,上帝是祗,帝命式于九围。"[1] 成汤所以能"式于九围",在广大地区里树立起崇高威信,是由于他对上帝的恭敬和虔诚。"式"是样式、榜样的意思。"帝命式于九围"就是让众多的方国都效法成汤的"上帝是祗"。《孟子》所记汤与葛伯的关系也是一个例证。

>汤居亳,与葛为邻。葛伯放而不祀。汤使人问之曰:"何为不祀?"曰:"无以供牺牲也。"汤使遗之牛羊。葛伯食之,又不以祀。汤又使人问之曰:"何为不祀?"曰:"无以供粢盛也。"汤使亳众往为之耕,老弱馈食。[2]

成汤对于葛伯最关心的是他的"放而不祀"。在成汤看来,对神灵的亵渎实在是"罪莫大焉"的,所以派人送去祭祀的牺牲,派人替葛耕种田地以供祭祀

---

[1] 《商颂·长发》,见阮元校刻《十三经注疏·毛诗正义》卷二十,北京:中华书局,1980年,第626页。
[2] 《孟子·滕文公下》,见阮元校刻《十三经注疏·孟子注疏》卷六,北京:中华书局,1980年,第2712页。

的粢盛。在这里,成汤对葛伯没有任何颐指气使的表现,只是试图用神灵的意志和共同的信仰争取与葛的联合。这种神权方面的联系是原始民主、平等的原则在意识形态上的一个反映。

第三,早商时期的方国联盟在经济上平等互利,不存在后世那样的赋役征发。《商颂·长发》说成汤的时候:

> 受小球大球,为下国缀旒。何天之休,不竞不絿,不刚不柔。敷政优优,百禄是遒。
> 受小共大共,为下国骏厖。何天之龙,敷奏其勇,不震不动,不戁不竦,百禄是总。

"球"和"共"都是方国送给殷的礼物,殷还赠之以"缀旒"和"骏厖"。诗句赞扬成汤对方国的以礼相待,还赠的礼品更为丰富,从而受到了上天的嘉美和宠爱。成汤对葛伯的支持也是这方面的一个例证。早商时期方国联盟中的经济关系按照《商颂·殷武》的说法就是"命于下国,封建厥福"。互相帮助和支持是早商时期方国联盟不断发展的重要的经济因素。盘庚曾经对邦伯们说:"汝曷弗念我古后之闻,承汝俾汝,惟喜康共。"[1]盘庚所说的"古后",正是早商时期的殷王。所谓"惟喜康共",就是喜欢大家共同富裕、安固。可以说这种"惟喜康共"的经济关系是从成汤开始就奠定了基础的。尽管成汤被后世誉为贤圣的君主,但轻徭薄赋一类的溢美之辞却总也挂不到成汤名下,因为这样的溢美之辞离真实的历史实在太远了。

第四,早商时期的方国联盟允许敌对势力中的被征服者加入自己的联盟。这既不像先商时期上甲微灭有易那样,变有易为一片荆棘废墟,也不像晚商时期那样变被征服者为商的版图。早商时期的大彭和豕韦原是祝融之后。《水经·济水注》说:"又东迳韦城南,即白马县之韦乡也。史迁记曰:夏伯豕韦之故国矣。"[2]可见豕韦曾为夏伯。大彭当即夏时的彭伯寿,今本《竹书纪年》帝启十五年"彭伯寿帅师征西河",可见大彭亦曾为夏伯。《国语·郑语》说:"大彭,豕韦为商伯

---

[1]《尚书·盘庚中》,见阮元校刻《十三经注疏·尚书正义》卷九,北京:中华书局,1980年,第170页。
[2]《水经·济水注》,见郦道元著,王先谦校《合校水经注》卷八,北京:中华书局,2009年,第130页。

矣……彭姓彭祖,豕韦、诸稽,则商灭之矣。"粗看起来,大彭、豕韦既为商伯,又为商灭,似有矛盾,但仔细分析则是合乎情理的。大彭、豕韦虽曾为夏伯,但汤灭夏之后即加入了早商时期的方国联盟,故又称之为商伯。在晚商时期大彭、豕韦则被灭掉并入殷的版图。卜辞中有地名"彭"[1]"韦"[2]为即大彭、豕韦的故地。成汤灭夏以后,史载:"汤既胜夏,欲迁其社,不可。作《夏社》,伊尹报,于是诸侯毕服。"[3]汤本来想迁徙夏社,将夏彻底灭掉,但迫于诸侯,即诸方国首领的压力,才没有迁夏之"社"。成汤在《汤诰》里说:"三公咸有功于民:故后有立。"[4]《索隐》云:"谓禹、皋陶有功于人,建立其后,故之有立。"[5] "三公"当即夏的遗留势力,成汤将其纳入商的方国联盟。恩格斯曾经

---

[1] 《合集》18633、8283 等。

[2] 《合集》28064、40410 等。

[3] 《史记·殷本纪》,见司马迁著《史记》卷三,北京:中华书局,1959年,第 96 页。

[4] 《史记·殷本纪》,见司马迁著《史记》卷三,北京:中华书局,1959年,第 97 页。

[5] 《史记·殷本纪》,见司马迁著《史记》卷三,北京:中华书局,1959年,第 97 页。

二、从方国联盟的发展看殷都屡迁原因

指出,"对被征服者的统治,是和氏族制度不相容的"[1]。这种原始民主、平等的原则在氏族时代结束之后仍然存留了很长时间,我们在早商时期方国联盟对外关系的准则中可以找寻到它的踪迹。

晚商时期虽然也存在着方国联盟,可是它与早商时期相比,已经发生了很大的变化。第一,晚商时期虽然殷与诸方国之间存在着一定的联合关系,但更多的则是支配的、主从的关系。卜辞中"乎""令"某侯、某伯的记载很多,就是殷王支配诸方国的明证。这反映了原始民主、平等原则在方国联盟关系中的衰落。盘庚迁殷时对诸邦伯的训告虽有一些威胁的口气,但主要内容则是商量和劝告,这与卜辞所载晚商时期殷王的专制口吻是泾渭分明的。第二,在王权日益强大的情况下,晚商时期的神权逐渐退避三舍。神权已经不再是联系诸方国的主要纽带,而是渐次沦为王权的附庸。第三,从卜辞中可以看到不少向诸方国征收贡物、调集人力的记载,早商时期那种平等的互相支持的经济关系不再占有重要位置。第四,晚商时期对于

---

[1] 中共中央马克思恩格斯列宁斯大林著作编译局:《马克思恩格斯选集》第四卷,北京:人民出版社,1972年,第148页。

被征服的敌对势力，不再让他们以平等的地位加入方国联盟，而且将其直接变为殷的辖区。如"祭方"原为殷的敌国，武丁时期的卜辞里就有攻伐祭方的记载。到了廪辛康丁时期祭则成为殷的一个地名，可见"祭方"已经并入了殷的版图。其他如"羌方""马方"等都有类似的情况。总之，原始民主、平等的原则在晚商时期已经是"无可奈何花落去"了，晚商时期的方国联盟与早商时期有着明显不同的根本原因就在于此。

（四）殷都屡迁的原因及其历史作用

"都"是一个后起的概念，东周时候的人把有先君宗庙的邑称为都，作为国都、首领的概念是春秋战国以后才出现的。严格说起来，殷人还没有后世那样的"都"的概念。《竹书纪年》记载早商时期的情况均言某王"居"某地，如"外丙胜居亳""祖丁即位居庇"等，而不言某王"都"某地，这是合于历史实际的。尽管如此，早商时期殷王所居之处是当时的方国联盟的政治中心，则是毫无疑问的。我们所说的殷都屡迁实际

二、从方国联盟的发展看殷都屡迁原因

上是方国联盟政治中心的屡次迁徙。

殷都屡迁从根本上来说是方国联盟这种政治结构形式所决定的，也可以说是早商时期方国联盟中原始民主、平等精神的体现和诸方国对比的结果。早商时期方国联盟中的原始民主、平等精神要求殷都不能只固定于某一方国，而要轮流于诸方国之间。这颇有些"皇帝轮流做"的绝对平等的意味。包括殷墟在内的早商时期的六处都邑，其中两处在山东，三处在河南，一处在河北。这些都邑并不全在殷的辖区，如邢、嚣、奄等就处在诸方国的地域。既然诸方国在政治上是平等的，那么，作为政治中心的殷都就应当是诸方国——至少是力量最强大的若干方国，都有份儿的。成汤的时候，殷的势力在今河南北部和河北南部一带，而有莘氏则居于今豫东一带。所以当早商时期以殷与有莘氏联盟为核心的方国联盟形成的时候，汤以后的八王（包括伊尹掌握最高权力的时期在内）一直都于亳。据考证，这个亳地即郑州商城。[1] 亳正处于殷与有莘氏的中间地带。都于此，反映了两大联盟

---

[1] 邹衡：《夏商周考古论文集》，北京：文物出版社，1980年，第183页。

力量的基本平衡。仲丁迁都于嚣亦是这方面的一个例证。据考证，嚣在今天的山东沂蒙山一带，卜辞中的地名"爻"即嚣的别写。[1]近年来的考古材料也说明嚣当在今山东沂蒙山一带。山东滕县井亭村发现有成批的带有"爻"字族徽的商代铜器和陶器，这是"爻"地望的一个有力证据。卜辞中有"旧臣"名"爻戊"者[2]，由于他和咸戊并见于同版卜辞[3]，所以其时代和咸戊相近，亦当是大戊时期的人。从他受到殷人祭祀的情况看，爻戊当是伊尹一类的杰出的方国首领。或许是由于"爻"的强大，因此在大戊的儿子仲丁时将殷都迁于爻（嚣）地。

《商颂·殷武》关于成汤以后的商代情况说："天命多辟，设都于禹之绩。岁事来辟，勿予祸適，稼穑匪解。"[4]这是文献中关于殷都屡迁的一条重要史料。"禹之绩"指大禹治水的区域，据考证这主要是古代的

---

[1] 丁山：《商周史料考证》，北京：中华书局，1988年，第29—30页。
[2] 《合集》3397"贞业于爻戊。"《合集》7862"业于爻戊。"
[3] 《合集》952、1822。
[4] 《诗·殷武》，见阮元校刻《十三经注疏·毛诗正义》卷二十，北京：中华书局，1980年，第627—628页。

二、从方国联盟的发展看殷都屡迁原因

兖州、豫州的东部及徐州的一部分。[1]早商时期的殷都恰恰在这个地区。按照《商颂·殷武》的说法,"设都于禹之绩"这件事,不是老天爷命令成汤或某一殷王进行的,而是命令"多辟""设都"的。"多辟"即许多君主,指的是包括殷王在内的诸方国首领。他们共同议定设立都邑。殷都屡迁与方国联盟的关系在这里得到完全的证实。在早商时期的方国联盟中,殷的势力虽然强大,但还没有居于绝对优势的地位,所以在原始民主、平等精神的影响下殷的都邑也就不能在殷的辖区。又要保持殷的主导地位,又要顾及方国联盟的实际情况以体现民主、平等的精神,这确是一项难题。可是殷人以迁都的方式妥善而巧妙地解决了这个难题,不能不说这是殷人在政治结构建设上的一项创举。

早商时期的诸方国要求联盟本身能够提供强大的力量对付敌对势力的骚扰和劫掠。这种军事上的需要也是殷都屡迁的一项重要原因。仲丁迁于嚣和河亶甲迁相,很大程度上是出于军事上的考虑。《竹书纪年》

---

[1] 徐旭生:《中国古史的传说时代》,北京:文物出版社,1985年,第139页。

载:"仲丁即位征于蓝夷。"《后汉书·东夷传》载:"至于仲丁,蓝夷作寇,自是或叛或服。"[1] 蓝夷在今沂蒙山一带。仲丁迁都于嚣,加强了对蓝夷作战的力量。外壬时由于有侁氏叛离,所以早商时期方国联盟用兵也逐渐转移,《竹书纪年》说:"河亶甲整即位,自嚣迁于相。征蓝夷,再征班方"[2] 就反映了这种情况。"相"在今河南省内黄县一带,迁都于此,便利于对班方用兵。从"彭伯、韦伯伐班方,侁人来宾"[3] 的记载看,河亶甲时已经打败了班方。因此,河亶甲的子辈祖乙为殷王的时候才可能将殷都北迁到"邢"。[4]

迁都于邢大大地加强了殷与邢的关系。卜辞材料

---

[1]《后汉书·东夷传》,见范晔著《后汉书》卷八十五,北京:中华书局,1965年,第2808页。

[2] 方诗铭、王修龄:《古本竹书纪年辑证》,上海:上海古籍出版社,1981年,第27页。

[3] 王国维:《今本竹书纪年疏证》卷上,见《王国维遗书》第十二册,上海:上海古籍书店,1983年,第20页。

[4]《史记·殷本纪》:"祖乙迁于邢。"(司马迁:《史记》卷三,北京:中华书局,1959年,第100页)其他文献尚有迁耿、迁庇二说。耿与邢古音同,当为一地。邹衡先生以考古材料证明今邢台市一带大范围的早商文化遗址当即祖乙居邢的遗存。同时,这里有不少早商文化遗址,在此建都有广泛的基础。(见《夏商周考古学论文集》,北京:文物出版社,1980年,第207页)

二、从方国联盟的发展看殷都屡迁原因

表明邢与殷有密切的婚媾关系,妇井(邢)是武丁时期最显赫的王妇之一。邢还是殷抵御羌方入侵的重要地区。羌方是殷在北方西方的劲敌,对羌方作战是商的重要的军事行动。卜辞有"〔子〕刿在井(邢),羌方弗……"[1]的记载,说明直到晚商时殷还派人驻守于邢。殷与邢的密切关系形成了殷的北部屏障,以至终殷之世北方无强敌入侵,这种局面的形成溯其源当是祖乙迁邢的结果。史载祖乙享国时间很长,是早商时期的中兴英主。在卜辞中他被尊称为"中宗祖乙""毓祖乙""高祖乙""下乙"等,受到殷人极其隆重的祭祀。他的文治武功与迁都于邢之后方国联盟的加强有着密切关系。

尽管原始民主、平等精神在早商时期的方国联盟中占有这么重要的地位,但是随着殷和诸方国社会生产力的发展,在方国联盟内部争夺权力的斗争也在不断地发展起来。调整诸方国的关系以巩固和发展方国联盟,是殷都屡迁的另一项原因。从《尚书·盘庚》篇的记载里可以看到,盘庚认为迁都是为了改善殷与

---

[1] 中国社会科学院考古研究所编:《小屯南地甲骨》,北京:中华书局,1980年,第2907片。下引此书,只注《屯南》片号。

诸方国的关系,使诸方国得到巩固。他说:

> 先王有服,恪谨天命,兹犹不常宁;不常厥邑,于今五邦。今不承于古,罔知天之断命,矧曰其克从先王之烈!若颠木之有由蘖,天其永我命于兹新邑,绍复先王之大业,厎绥四方。[1]

在盘庚看来,殷都屡迁就是"先王之烈""先王之大业"。他迁都于殷和先王的"不常厥邑"一样是为了"厎绥四方"。"厎绥"犹言安定。盘庚号召诸邦伯"尚皆隐哉!予其懋简相尔"[2],要大家发扬蹈励,争取受到选拔。成汤的时候曾经选用殷和诸方国的杰出人物加以任用,"其在商邑,用协于厥邑;其在四方,用丕式见德"[3],以此来巩固殷与诸方国的关系。盘庚通过都邑迁徙所达到的"厎绥四方"与成汤的作为十分相

---

[1] 《尚书·盘庚上》,见阮元校刻《十三经注疏·尚书正义》卷九,北京:中华书局,1980年,第168页。

[2] 《尚书·盘庚下》,见阮元校刻《十三经注疏·尚书正义》卷九,北京:中华书局,1980年,第172页。

[3] 《尚书·立政》,见阮元校刻《十三经注疏·尚书正义》卷十七,北京:中华书局,1980年,第231页。

二、从方国联盟的发展看殷都屡迁原因

似。盘庚说先王迁都为的是"德嘉绩于朕邦"[1],又说自己迁殷是要"安定厥邦"[2]。"朕邦"与"厥邦"囊括了早商时期方国联盟中所有的"邦"——方国。盘庚不愧是一位卓越的宣传家,他把迁都的原因和意义讲得十分详细而且生动。他用这样的语言来比喻殷都迁徙的意义:"若网在纲,有条而不紊;若农服田力穑,乃亦有秋。"[3]抓住了都邑迁徙这件大事,就是抓住了"纲",就会给方国联盟带来新的活力,结出丰硕的果实!

总之,殷都屡迁,适应了方国联盟发展的需要,是原始民主、平等精神的体现。它从政治、军事、经济几个方面都加强了殷与诸方国的关系。在古代历史上,与周围很少发生关系的闭塞于一隅的方国或部落是没有什么发展潜力的。只有那些通过不断地相互融合、联盟、交往而注入新的活力的方国或部落才有广阔的发展前景。夏、商、周三代的发祥史上都有不少

---

[1] 《尚书·盘庚下》,见阮元校刻《十三经注疏·尚书正义》卷九,北京:中华书局,1980年,第172页。
[2] 《尚书·盘庚中》,见阮元校刻《十三经注疏·尚书正义》卷九,北京:中华书局,1980年,第170页。
[3] 《尚书·盘庚上》,见阮元校刻《十三经注疏·尚书正义》卷九,北京:中华书局,1980年,第169页。

都邑或整个邦国迁徙的事例。这些迁徙是在当时的历史条件下推动社会向前发展的有力措施。夏商周之所以相继成为我国古史上的三面光耀大地的旗帜，这是极为重要的一项原因。

（五）余论

兄终弟及是殷代王位继承中一种独特的历史现象。关于它产生的原因，长期以来尚无令人满意的解释。论者往往把它归于亲族制度的演变，认为它是母系氏族社会的孑遗。其实这是说不通的。文献记载表明，先商时期从契到汤基本上都是传子制。若说兄终弟及是母系氏族社会的孑遗，那么先商时期距母系氏族社会最近，必当是兄终弟及最盛行的时期，然而，恰恰相反，先商时期则罕见兄终弟及的现象。这说明兄终弟及与母系氏族制的孑遗云云是没有多少关系的。李学勤先生曾经指出，兄终弟及可能是"因政治的需要"而产生的。[1]这为揭开兄终弟及这一历史之谜

---

[1] 李学勤：《论殷代亲族制度》，见《文史哲》，1957年第11期，第36页。

二、从方国联盟的发展看殷都屡迁原因

指出了正确方向。现在,我们考察了早商时期方国联盟的情况及特点,可以说李先生所云的"政治的需要",实际上就是早商时期方国联盟的需要。这乃是产生兄终弟及现象的根本原因。

早商时期是方国联盟典型发展的时期,亦是兄终弟及这一历史现象最集中的时期。若从有明确世系记载的上甲算起,商代共历二十三世,三十七王,兄终弟及(包括传位于兄之子者)十八王中有十六王集中在成汤至小辛(盘庚弟)的时期。从汤至盘庚的二十王里,兄终弟及者就有十五王。这表明兄终弟及制是早商时期的王位继承的主要形式,也可以说,兄终弟及是与早商时期方国联盟的发展相始终的。早商时期的方国联盟中,一方面存在着原始民主、平等精神;另一方面也存在着争夺联盟内部最高权力的斗争。伊尹的摄政和有莘氏的叛离就是这方面的两个例证。为了保持殷人在联盟中的支配地位,势必要选择有丰富经验的人物出任殷王。这样的人物一般应当是殷王的弟辈,而不是其子辈。在方国联盟中殷王的诸弟可以受到各方面的锻炼,汲取较多的经验,相比之下,殷王的子辈一般说来是黄发孺子,在施政经验上是远不

能和其叔父们相比拟的。所以在早商时期的王位继承中一般都是兄终弟及,等到"弟终"的时候再将王位传给已经长大了的"兄"之子辈,以此来保证出任殷王者是精明强干、经验丰富的卓越人物。到了晚商时期,殷的王权势力已经大大超过诸方国的势力,在方国联盟中居于绝对优势的地位,已经不怕大权旁落。所以在晚商时期,兄终弟及的现象越来越少,廪辛以后终至绝迹。到了封建时代,传子制成了天经地义的事儿,连襁褓中的婴孩也可"登极"称帝,这与早商时期的兄终弟及更是大异其趣了。由此可见,王位继承制度是深深植根于当时的社会政治结构形式之中的。

三、从盘庚迁殷说到《尚书·盘庚》三篇的次序问题

先秦时代的文献由于流传既久、辗转刊刻等原因,其错讹舛误之处在所难免。订正错讹,考镜源流,是一项十分重要的基础工作。清代学者在这方面做出过重要贡献,多有精见卓识令人叹服。然而,情况却是复杂的,有些是文献版本有误,后人纠正了;有的则是文献本来没有问题,而后人却做了误解,把原先正确的东西变成了谬误。愚以为这后者的一个例证就是俞樾在《群经平议》中对《尚书·盘庚》三篇次序的重新排定。《盘庚》三篇的次序不仅仅是一个文献版本问题,而且更重要的是它直接涉及对于盘庚迁殷史事的认识。盘庚迁殷是商王朝历史的转折点,然而由于人们对《竹书纪年》的相关记载不加分析,造成了对盘

庚迁殷史事阐述的简单化。本文试图对《盘庚》三篇的次序问题进行再研究，以求抛砖引玉之效。

（一）关于盘庚迁殷的考古学考察

关于盘庚迁殷的文献记载，最早的是《尚书·盘庚》篇，但它讲得很笼统，只有"盘庚迁于殷""不常厥邑，于今五邦"[1]等简略说法，至于迁殷的原因、具体过程等则并没有讲清楚。在《尚书》以后，把这个问题说得稍微清楚一些的是古本《竹书纪年》。现在流行的是《史记·殷本纪》《正义》所提到的《括地志》引《竹书纪年》的说法："自盘庚徙殷，至纣之灭，二百五十三年[2]，更不徙都。"这个说法之所以流行不仅在于它简单，而且因为它和某些考古成果似乎合拍。20世纪20年代以来，在河南安阳小屯一带陆续发掘出了商王朝的宗庙建筑、祭祀场所、民居、铸铜作坊、墓葬等

---

[1] 《尚书·盘庚上》，见阮元校刻《十三经注疏·尚书正义》卷九，北京：中华书局，1980年，第168页。

[2] 此年数据晚清金陵书局本，中华书局《史记》1959年标点本即据此，是可信的。别本均作"七百七十三年"，不可从。

三、从盘庚迁殷说到《尚书·盘庚》三篇的次序问题

遗址和大批甲骨卜辞,证明这里就是《史记·项羽本纪》提到的"洹水南殷虚",即商王朝后期都城的遗址。论者多据此断定盘庚迁于殷地[1],并且直到商末再没有迁过都。然而,随着殷墟考古事业的发展和甲骨卜辞断代研究的深入,关于盘庚迁殷以后不再徙都的论断至少遇到了以下四个方面的诘难。

第一,从 1928 年起,到 1937 年间在殷墟进行过 15 次发掘,新中国成立后又历经发掘。专家们对于殷墟文化已可以做出科学的分期。中国社会科学院考古研究所安阳考古队的学者,曾依据殷墟地区的苗圃北地、梅园庄、孝民屯等 11 个地点所发掘的殷代遗址、文化遗物和墓葬的资料,将较早时期的殷墟文化分为

---

[1] 所谓"盘庚徙殷"为《括地志》引用《竹书纪年》时的隐括之语。别本所引作"盘庚自奄迁于北蒙曰殷墟",或谓"盘庚即位,自奄迁于北蒙曰殷"(《水经·洹水注》引《竹书纪年》,郦道元著,王先谦校《合校水经注》卷九,北京:中华书局,2009 年,第 162 页)。今安阳小屯一带在春秋战国时当称北蒙。《左传》庄公十二年:"宋万弒闵公于蒙泽。"杜注:"蒙泽,宋地。梁国有蒙县。"(阮元:《十三经注疏·春秋左传正义》卷九,北京:中华书局,1980 年,第 1770 页)蒙县西北有亳城,在今河南商丘、山东曹县之间,即汉山阳郡薄县。王国维曾举三证说明此地为汤都北亳(《说亳》,《观堂集林》卷十二,北京:中华书局,1959 年,第 518—522 页)。小屯一带在蒙泽西和北,"北蒙"之称可能由此而来。这一带商时是否称为殷,在甲骨卜辞中并无确证,然《尚书》有"盘庚迁于殷"之说,故宜当从之。

三期，认为一期的上限年代早于武丁，下限最晚到武丁，二期从武丁到祖甲，三期在祖甲以后。他们进行综合研究后，有这样的概述：

> 总的看来，第一期的遗迹少，堆积较薄；第二期的遗迹增多，堆积也较厚；第三期的遗迹最多，堆积也最厚。若从每个遗址的内涵看，一期的范围小，遗迹少，越到晚期，遗址的范围越大，遗迹亦增多。[1]

邹衡先生将殷墟文化分为四期，其第一期属盘庚、小辛、小乙时代。关于这个时期的建筑情况，他说：

> 第一期的版筑房基。尚无法确定，可能还保留有比较原始的"白灰面"建筑。第二期已出现大规模的版筑房基，……看来，殷人在殷墟大兴土木，大概是从第二期开始的，而更广泛地建造，

---

[1] 中国社会科学院考古研究所：《殷墟发掘报告》，北京：文物出版社，1987年，第280、281页。

三、从盘庚迁殷说到《尚书·盘庚》三篇的次序问题

似乎在第三、四期。[1]

这个论断和安阳考古队的结论是一致的,都说明了在武丁以前小屯一带没有大规模的建筑出现。殷墟宫殿区所发掘的五十六座建筑基址,能够确定时代的,均属于武丁及其以后的时期。盘庚迁殷至武丁以前,已历三王,若居于殷地,为什么其宫殿建筑基址迄今未见踪影呢?

第二,殷墟的王陵区在今小屯村西北,称为西北冈,与宫殿区隔洹河相望。王陵区共有八座带四条墓道的大墓,另有三座带两条墓道的大墓及一座带一条墓道的大墓,此外还有一座未修成的大墓。关于这些墓葬的性质和分期,杨锡璋先生说:

> 西北冈的大墓并不一定全都是属于王的,可能只有八座带四条墓道的大墓,其形制和规模才够得上王陵,其余四座,因只有两条或一条墓道,规模又小,可能是属于王的配偶或其他人的。我

---

[1] 邹衡:《夏商周考古学论文集》,北京:文物出版社,1980年,第87—88页。

们曾根据出土器物的形制及地层叠压关系将殷墟文化分为四期，第一期约相当于武丁前期及更早的时期，……根据西北冈八座带四条墓道大墓墓中随葬器物形制判断，没有第一期的墓。[1]

从武丁到帝乙共八王，当即八座带四条墓道的王陵的墓主。盘庚、小辛、小乙三王若居于殷，为什么在殷墟王陵区没有其墓葬呢？

第三，自从1899年甲骨文被发现和认识以后，80多年来先后出土甲骨达十五万片以上。1933年董作宾先生发表《甲骨文断代研究例》[2]，根据世系、称谓、贞人、坑位、方国、人物、事类、文法、字形、书体等十项标准，将甲骨文划分为五个时期。虽然有的专家曾提出过卜辞中一定会有盘庚、小辛、小乙时的甲骨，但迄今为止在卜辞断代研究中还没有能把这部分卜辞明确区别出来。一般认为某些卜辞可能是早于武丁时期的，但数量很少。盘庚至小乙三王若居于殷，

---

[1] 杨锡璋：《商代墓地制度》，见《考古》，1983年第10期。
[2] 董作宾：《甲骨文断代研究例》，见《庆祝蔡元培先生六十五岁论文集》上册，《中央研究院历史语言研究所集刊外编》，1935年。

三、从盘庚迁殷说到《尚书·盘庚》三篇的次序问题

历时当非短暂,并且紧随小乙之后的武丁时期又是甲骨卜辞数量最多的一个王世,但为什么没有盘庚至小乙时期的大量卜辞出现呢?

第四,关于商王世系的记载以《史记》最为完备。司马迁所依据的资料据他自己所说有这样两类,一是"余以《颂》次契之事,自成汤以来,采于《书》《诗》"[1],一是秦以前的"谍记",如《五帝系谍》《尚书集世》[2]等。今日所见的《尚书》《诗经》《大戴礼记·五帝德》等的记载远远构不成《史记·殷本纪》所排列的商王世系,而先秦谱谍又鲜有所见,所以对于司马迁所记的商王世系是否为信史,人们历来持保留态度。然而,本世纪以来的甲骨卜辞研究表明"有商一代先公先王之名不见于卜辞者殆鲜"[3],证实了《史记·殷本纪》的相关记载,除极个别之处外,绝大部分都是正确的。这样也就大大提高了《史记·殷本纪》的可靠性。《史

---

[1] 《史记·殷本纪》,见司马迁著《史记》卷三,北京:中华书局,1959年,第109页。

[2] 《史记·三代世表》序,见司马迁著《史记》卷十三,北京:中华书局,1959年,第488页。

[3] 王国维:《殷卜辞中所见先公先王考》,见《观堂集林》卷九,北京:中华书局,1959年,第409页。

记·殷本纪》关于盘庚迁殷有和《竹书纪年》不同的说法，谓"帝盘庚之时，殷已都河北，盘庚渡河南，复居成汤之故居"[1]。那么，关于盘庚迁殷的史事，信《史记》乎？《竹书纪年》乎？

近年的殷商史研究对于以上四个方面的问题的回答，大略有三种说法。一是坚持《竹书纪年》关于盘庚迁殷以后更不徙都的说法，认为盘庚至小乙时期的宫殿遗址、大量的甲骨卜辞虽然迄今尚未发现，但并不能肯定以后不会发现。至于文献中和《竹书纪年》不同的记载，则一概被视为误记或后人窜改。这种俟于来日的态度是不能令人满意的。二是有的研究者干脆否认盘庚迁殷，而认为"盘庚把都城迁到了河南偃师"[2]。这种认识虽有启发性，但却回避了《尚书·盘庚》篇所记"盘庚迁于殷"的问题，显然是有漏洞的。三是认为商代两都或数都并存，殷墟一带是主要都城，偃师商城是辅都，朝歌是商代后期又一都城。这种说

---

[1] 《史记·殷本纪》，见司马迁著《史记》卷三，北京：中华书局，1959年，第102页。

[2] 彭金章、晓田：《试论偃师商城》，见《全国商史学术讨论会论文集》，1985年2月，第417页。

三、从盘庚迁殷说到《尚书·盘庚》三篇的次序问题

法颇有可取之处,但具体到盘庚迁殷的问题,仍有继续探讨的余地。

除了以上三种说法之外,我们能否另辟蹊径,进行新的探索呢?答案是肯定的。这个新探索的契机就在于对《尚书·盘庚》三篇次序问题的再认识。

(二)《盘庚》三篇的次序问题

《尚书·盘庚》初本不分篇。《汉书·艺文志》载《尚书》类典籍有"大小夏侯章句各独二十九卷"和"大小夏侯解故二十九篇"[1],这与《史记·儒林传》谓伏生治《尚书》"独得二十九篇"[2]的说法相合,故《盘庚》此时尚为一篇。《艺文志》又载"欧阳章句三十一卷"[3],可知至欧阳氏时始分《盘庚》为三篇。《隶释》卷一十四所载熹平石经以欧阳氏《尚书》为底本,亦分

---

[1]《汉书·艺文志》,见班固著《汉书》卷三十,北京:中华书局,1962年,第1705页。

[2]《史记·儒林传》,见司马迁著《史记》卷一百二十一,北京:中华书局,1959年,第3124页。

[3]《汉书·艺文志》,见班固著《汉书》卷三十,北京:中华书局,1962年,第1705页。

为三,上、中两篇及中、下两篇之间各空一字,以示区别。此后,各代刊本里《盘庚》,上、中、下三篇次序均同,无异说。

清代学者俞樾"尝取《盘庚》三篇反复推求"[1],认为三篇所述与盘庚迁殷史事不符。兹将俞说详细征引如下:

> 篇首曰"盘庚迁于殷,民不适有居",盖民习于耿之奢淫,故至殷而民不适有居,言不安于所居也。盘庚"以常旧服正法度"而告之曰"无傲从康",又曰"不昏劳,不服田亩,越其罔有黍稷",又曰"各长于厥居,勉出乃力,听予一人之作猷",又曰"自今至于后日,各恭尔事,齐乃位,度乃口,罚及尔身弗可悔"。所再三致告者,皆勉以本业,戒以荒淫,正与去奢行俭之指合。且曰"自今至于后日",则为既迁后所作可知。使其时尚未迁,则但可如中篇之末所云"今予将试以汝迁",不当曰"自今至于后日"也。又自"王若曰格汝众"至

---

[1] 《群经平议》卷四,《续修四库全书》,上海:上海古籍出版社,2013年影印。

三、从盘庚迁殷说到《尚书·盘庚》三篇的次序问题

"罚及尔身弗可悔",凡数百言无一语及迁,至中篇则屡言之曰"视民利用迁",又曰"今予将试以汝迁,安定厥邦",又曰,"今予将试以汝迁,永建乃家",岂非中篇述未迁时语,故屡及之?上篇乃盘庚迁殷后正法度之言,与迁无涉乎。故以当时事实而言《盘庚》中宜为上篇,《盘庚》下宜为中篇,《盘庚》上宜为下篇。曰"盘庚作惟涉河以民迁"者,未迁时也,曰"盘庚既迁,奠厥攸居"者,始迁时也;曰"盘庚迁于殷,民不适有居"者,则又在后矣。

这个分析试图从《盘庚》所述史事的内在联系中来说明三篇次序有舛误。此说遭到杨树达先生的驳难:

上篇首云"盘庚迁于殷"者,乃计谋决迁后之辞,非已迁之辞也。自"我王来"至"厎绥四方",皆殷民吁咸矢言之语,而前人皆误以为盘庚告民之辞者,以文有"天其永我命于兹新邑"之云,谓新邑必指将迁之殷言也……今据《竹书纪年》所载南庚迁奄及盘庚迁殷之年计算,知殷此三王居

奄之时日，不过二十二年，殷民称之为新邑，良非无故。新邑斥奄，非斥殷，则"天其永我命于兹新邑"之语为殷民之语，非盘庚之语明矣。中篇云："予若吁怀兹新邑"，予若吁乃若吁予之倒文，怀兹新邑正谓殷民怀恋奄都也。必知此义而后知三篇之次序井然不紊，无可移易，俞樾谓中下二篇当为上中二篇，上篇当为下篇者，非也。[1]

这个说法并没有将俞说驳倒。如《盘庚》上篇首句"盘庚迁于殷"，俞说谓指盘庚迁殷以后事，杨说谓指盘庚计谋中事，从文义分析而言显然以俞说为长。又如"新邑"之称于中篇凡两见，作"予若吁怀兹新邑"和"无俾易种于兹新邑"。"新邑"当指新迁之邑，不大可能指旧居之邑。杨说以"新邑"指奄，很难使人信服。尽管俞说曾被驳难，但由于驳难不力，所以俞说仍有很大影响，杨筠如《尚书核诂》在《盘庚》篇序里曾称引俞说，并谓"俞说近似"[2]。顾颉刚、刘起釪两

---

[1] 杨树达：《尚书易解》序，上海：华东师范大学出版社，2010年，第1—2页。
[2] 杨筠如：《尚书核诂》，西安：陕西人民出版社，1959年。

三、从盘庚迁殷说到《尚书·盘庚》三篇的次序问题

先生认为俞说"与三篇内容相符合",并且在《"盘庚"三篇校释译论》里"采取了他的说法,把各篇次序按讲话时间的先后纠正过来:以原中篇为第一篇,原下篇为第二篇,原上篇为第三篇"[1]。

然而,俞说并非无懈可击。

首先,对于《盘庚》篇的时代、作者和性质的判断,俞说是有问题的。他说:"《盘庚》之作当从《史记·殷本纪》说,纪云:'帝盘庚崩,弟小辛立,是为帝小辛。帝小辛立,殷复衰。百姓思盘庚,乃作《盘庚》三篇。'是《盘庚》之作在小辛时,作盘庚所以讽小辛也,伤今思古,犹《小雅·楚茨》诸篇之义也。"[2] 按照殷人通例,对于祖若父、兄辈先王只称祖某、父某、兄某,如武丁在二期卜辞中称父丁、三四期卜辞称祖丁,直到五期卜辞才称武丁。又如盘庚,在一二期卜辞中绝大多数称父庚、祖庚,殷(盘)庚之称只在周祭卜辞中流行。虽然小辛之时的卜辞尚未发现,但依通例,

---

[1]《"盘庚"三篇校释译论》,见顾颉刚、刘起釪著《尚书校释译论》,北京:中华书局,2005年,第901页。
[2]《群经平议》卷四,《续修四库全书》,上海:上海古籍出版社,2013年影印。

当时称盘庚应为兄庚[1]。《盘庚》篇只以盘庚为称,必非作于小辛之时。又如殷代不用"天"字,《盘庚》却用了五个,虚词为"而""则"等均周代所始用,《盘庚》篇却多用。凡此皆说明此篇不当作于小辛之时。其实《史记·殷本纪》关于《盘庚》之作除了俞氏所称引的一种说法之外,还有"告谕诸侯大臣"之说。《史记·殷本纪》两说并存而未加抉择。历代注疏家多以为《盘庚》篇为盘庚诰诫臣下之语,周代才加工润色而写定。王国维说"商书之着竹帛当在宋之初叶"[2],当近于实际。《盘庚》应为周代人依据商代诰谕之辞所撰的述古之作。

其次,俞氏按照他自己的理解为《盘庚》三篇重新排定次序,说是"《盘庚》中宜为上篇,《盘庚》下宜为中篇,《盘庚》上宜为下篇"。这在文献版本流传上是毫无根据的。《盘庚》原为一篇,至汉始分为三,然三篇次序从不紊乱。古代文献中因错简而前后次序混

---

[1] 早期卜辞中有两例"兄庚"(《合集》第2920、20018片),字作竖刻,与二期卜辞中习见的横刻形式不同。这两版无贞人名,有可能刻于小乙或小辛之时。

[2] 《"高宗肜日"说》,见王国维著《观堂集林》卷一,北京:中华书局,1959年,第27页。

三、从盘庚迁殷说到《尚书·盘庚》三篇的次序问题

乱者，间有所见，然均以十几字乃至几十字为限，成篇文章误倒者尚未有闻。若一定说《盘庚》上、中、下三篇次序皆错，一定得有文献版本学的证据，而俞氏却没有提出这方面的任何一点根据，其根据仅仅是"以当时事实而言"，这样，人们不禁要问，俞氏所谓的"当时事实"是否合于历史实际呢？

再次，关于盘庚迁殷的路线俞氏信《帝王世纪》之说。《后汉书·文苑传》载杜笃《论都赋》："殷庚去奢，行俭于亳。"注引《帝王世纪》："殷庚以耿在河北，迫近山川，自祖辛以来，奢淫不绝，殷庚乃南度河，徙都于亳。"[1] 此说盖以《史记·殷本纪》"祖乙迁于邢"[2] 为本，认为自祖乙至阳甲六王一直居于耿。《索隐》："邢音耿，近代亦本作耿、今河东皮氏县有耿乡。"[3]《正义》引《括地志》云："绛州龙门乡东南十二里耿城，故耿

---

[1] 《后汉书·文苑传》，见范晔著《后汉书》卷八十，北京：中华书局，1965年，第2595页。

[2] 《史记·殷本纪》，见司马迁著《史记》卷三，北京：中华书局，1959年，第100页。

[3] 《史记·殷本纪》(司马贞《索引》)，见司马迁著《史记》卷三，北京：中华书局，1959年，第101页。

国也。"[1] 此耿的地望在今河南省温县东，位于大河北岸，故有"般庚南度河"之说。《帝王世纪》谓"徙都于亳"，与《尚书·盘庚》的"盘庚迁于殷"显然不合。俞氏不仅没有对这个矛盾加以辨析，而且忽略了《竹书纪年》"盘庚自奄迁于殷"的记载，俞氏一方面谓盘庚徙都于亳，另一方面又以盘庚迁殷为事实依据而重排《盘庚》三篇次序，不析其间的矛盾纠结，所以其立论的根据是有问题的。

总之，以上几个方面的讨论可以说明俞樾重新排定《盘庚》三篇次序的论断是缺乏根据的。既然如此，为什么不少人还是相信俞说而认为历代相传的《盘庚》三篇次序是排错了呢？对俞说的肯定，一般都先有这样两点认识：（一）认为盘庚是自奄迁于殷的（尽管俞氏不承认这一点）；（二）认为盘庚迁殷后，"更不徙都"。显然这两点认识都源于俞氏所忽略的《竹书纪年》。俞氏的对《盘庚》三篇次序的重新排定和这两点认识是合拍的。《盘庚》中篇谓"盘庚作，惟涉河以民迁"，是谋划迁徙之事，所以当在迁殷之前，下篇谓"盘

---

[1]《史记·殷本纪》(张守节《正义》)，见司马迁著《史记》卷三，北京：中华书局，1959年，第101页。

庚既迁，奠厥攸居"，指刚迁完毕；上篇谓"迁于殷，民不适有居"，当指民众在殷住了若干时间以后的事。对盘庚迁殷作如是解，那么自然就要肯定俞说的正确了。《帝王世纪》和《竹书纪年》的说法是矛盾的，俞氏虽然以前者为立论依据，论断粗疏，却恰恰符合了后者所载盘庚迁殷史事。不少人正是从肯定《竹书纪年》这一点出发来相信俞说的，而对俞说的粗疏、舛误则都置于不论不辨之列了。

（三）从盘庚迁殷史事看《盘庚》三篇次序

我们在前面已经探讨了这样两个方面的问题：一是考古发掘成果和甲骨卜辞的深入研究表明，盘庚至小乙三王的宫殿遗址、王陵、墓葬、卜辞在今殷墟一带没有多少踪迹可寻，所以关于盘庚迁殷后不再徙都的说法是值得商榷的；二是俞樾重新排定《盘庚》三篇次序的论断缺乏根据，不足为信。《盘庚》三篇是关于盘庚迁殷史实的最可宝贵的文献记载，其内容与盘庚迁殷后更不徙都之说龃龉不合。我们不应当以更不徙都之说改铸《盘庚》三篇，重排其次序，而应当依据三篇原本的内容来探讨盘庚迁殷史事。

文献记载表明,盘庚自奄迁于殷的说法是可信的。《水经·洹水注》引《竹书纪年》曰:"盘庚即位,自奄迁于北蒙,曰殷。"[1]《史记·项羽本纪》《集解》引《汲冢古文》曰:"盘庚迁于此汲冢,曰殷虚。南去邺三十里。"[2]《太平御览》卷八三皇王部引《纪年》曰:"盘庚旬,自奄迁于北蒙,曰殷。"[3]《尚书·盘庚》序:"盘庚五迁,将治亳殷。"《正义》引束皙云:"孔子壁中《尚书》云'将始宅殷'。"[4]《史记·殷本纪》《索隐》:"契始封商,其后裔盘庚迁殷。"[5] 凡此记载均与《尚书·盘庚》"盘庚迁于殷"相合。丁山曾以为盘庚并非迁殷,而是迁于蒙泽,说,"以北蒙定盘庚所迁的殷邑,我认为决

---

[1]《水经·洹水注》,见郦道元著,王先谦校《合校水经注》卷九,北京:中华书局,2009年,第162页。

[2]《史记·项羽本纪》(裴骃《集解》),见司马迁著《史记》卷七,北京:中华书局,1959年,第310页。

[3]《太平御览·皇王部》(引《纪年》),见李昉著《太平御览》卷八十三,石家庄:河北教育出版社,1994年,第720页。

[4]《尚书·盘庚》序,见阮元校刻《十三经注疏·尚书正义》卷九,北京:中华书局,1980年,第168页。

[5]《史记·殷本纪》(司马贞《索隐》),见司马迁著《史记》卷三,北京:中华书局,1959年,第91页。

三、从盘庚迁殷说到《尚书·盘庚》三篇的次序问题

在今河南商邱北大蒙城"[1]。其实蒙泽并不以北蒙相称。《史记·殷本纪》《正义》引《括地志》云:"相州安阳本盘庚所都,即北蒙。""(洹水)南岸三里有安阳城,西有城名殷墟,所谓北蒙者也。"[2] 此说北蒙地望十分明确,庚盘迁于北蒙即是迁于殷。丁氏对北蒙地望强为之解,并不可取。

盘庚迁殷之后是更不徙都,还是再次迁徙呢?

"更不徙都"之说并非《竹书纪年》原义。《史记·殷本纪》帝纣"益广沙丘苑台",《正义》引《括地志》云:"沙丘台在邢州平乡东北二十里。《竹书纪年》自盘庚徙殷至纣之灭二百五十三年,更不徙都,纣时稍大其邑,南据朝歌,北据邯郸及沙丘,皆为离宫别馆。"[3] 古代文献引用《竹书纪年》讲盘庚迁殷之事者甚夥,如《水经注》《太平御览》《尚书正义》《史记集解》《史记索隐》等,甚至《史记·殷本纪》《正义》在另一处所提到的《括地志》引《竹书纪年》,均无"更不徙都"

---

[1] 丁山:《商周史料考证》,上海:龙门联合书局,1960年,第37页。
[2] 《史记·殷本纪》(张守节《正义》),见司马迁著《史记》卷三,北京:中华书局,1959年,第91页。
[3] 《史记·殷本纪》(张守节《正义》),见司马迁著《史记》卷三,北京:中华书局,1959年,第106页。

之说。王国维谓"更不迁都"之说"不似《竹书》原文"[1]，方诗铭、王修龄先生说"《正义》所引，实出自李泰《括地志》，乃隐括《纪年》之文"[2]。如果三占从二的话，那么，应当肯定《竹书纪年》原来并没有"更不徙都"之说。

古代文献关于盘庚迁殷以后又曾迁徙的记载颇多。《史记·殷本纪》说："帝盘庚之时，殷已都河北，盘庚渡河南，复居成汤之故居，乃五迁，无定处。殷民咨胥皆怨，不欲徙。盘庚乃告谕诸侯大臣曰：'昔高后成汤与尔之先祖俱定天下，法则可修，舍而弗勉，何以成德！'乃遂涉河南，治亳，行汤之政。"[3]这里提到盘庚曾从大河之北，迁往河以南的成汤故居——亳。关于亳的地望，《集解》引皇甫谧曰，"今偃师是也"。《水经·谷水注》说："阳渠，又东迳亳殷南，昔

---

[1]《说殷》，见王国维著《观堂集林》卷十二，北京：中华书局，1959年，第523页。

[2] 方诗铭、王修龄：《古本竹书纪年辑证》，上海：上海古籍出版社，1981年，第31页。

[3]《史记·殷本纪》，见司马迁著《史记》卷三，北京：中华书局，1959年，第102页。

三、从盘庚迁殷说到《尚书·盘庚》三篇的次序问题

盘庚所迁,改商曰殷,自此始也。"[1]《史记·封禅书》《正义》引《帝王世纪》说:"殷汤都亳,在梁,又都偃师,至盘庚徙河北,又徙偃师也。"[2]《史记·殷本纪》《正义》引《括地志》说:"河南偃师为西亳,帝喾及汤所都,盘庚亦徙都之。"[3]《后汉书·郡国志》谓:"匽(偃)师有尸乡",刘昭注引《帝王世纪》说:"帝喾所都,殷盘庚复南亳,是为西亳。"[4] 这些记载的个别地方不尽可以凭信,如《史记·殷本纪》谓盘庚"五迁,无定处",显然脱胎于《尚书·盘庚》的"不常厥邑,于今五邦",但却作了误解。关于此"五邦"所指,《尚书》序、《史记·殷本纪》《竹书纪年》等的记载稍有出入,一般认为指仲丁所处之嚣、河亶甲所迁之相、祖乙所迁之邢、南庚所迁之奄、盘庚所迁之殷。《殷本纪》移花接木,说盘庚有"五迁",这是靠不住的。尽管如此,诸种记

---

[1] 《水经·谷水注》,见郦道元著,王先谦校《合校水经注》卷十六,北京:中华书局,2009年,第261页。

[2] 《史记·封禅书》(张守节《正义》),见司马迁著《史记》卷二十八,北京:中华书局,1959年,第1371页。

[3] 《史记·殷本纪》(张守节《正义》),见司马迁著《史记》卷三,北京:中华书局,1959年,第93页。

[4] 《后汉书·郡国志》,见范晔著《后汉书》卷一百零九,北京:中华书局,1965年,第3389页。

载对于盘庚迁殷之后又有迁徙之事却无异辞,并且一致指出盘庚从殷迁到了亳,即今河南偃师。这些记载肯定了两点史实,一是盘庚确实迁到过殷,并在殷居住了一些时间,二是盘庚又从殷迁到了亳。

值得重视的是,文献上的这些记载得到了考古成果的支持。

殷墟文化第一期虽然没有宫殿和王陵遗址,但这个时期的窖穴和墓葬以及陶器、青铜等在殷墟仍有发观。殷墟版筑房基乙十七基址也可能是属于这个时期的[1]。甲骨卜辞的断代研究也指出了这方面的问题。胡厚宣先生曾经多次指出"卜辞中一定会有盘庚、小辛、小乙时的甲骨"[2]。李学勤先生根据出土甲骨的坑位和层位关系,指出有贞人扶的卜辞的时代早于武丁时期的宾组、子组等卜辞。刻写贞人扶卜辞的甲骨修治粗糙、字体和行款特殊。因此,"如果推测扶卜辞有一部分属于武丁以前,似乎不是不可能的"[3]。这些表明

---

[1] 邹衡:《夏商周考古学论文集》,北京:文物出版社,1980年,第76页。

[2] 胡厚宣:《甲骨文合集》,北京:中华书局,1982年,序言。

[3] 胡厚宣:《甲骨探史录》,北京:生活·读书·新知三联书店,1982年,第76页。

三、从盘庚迁殷说到《尚书·盘庚》三篇的次序问题

盘庚确曾迁于殷,在殷居住过一段时间,但历史不会太久,很可能只经过不长时间就南渡大河迁移到亳去了。殷墟虽然有盘庚至小乙时期的某些遗址、遗物,然而数量稀少;虽然有这个时期的卜辞,但所见不多。这些都是盘庚居殷时间不长即南迁这一情况的反映。

偃师商城的发掘对于盘庚"渡河南,治亳"[1]的说法是很有利的。1983年所发现的偃师商城遗址南北现长1700余米,东西宽度其北部为1215米,南部为740米,中部为1120米,面积约为190万平方米。城周围有夯筑土城墙,一般宽为十余米至二十几米。城内有大型夯土建筑群的基址。引人注目的是偃师商城有修补的遗迹。发掘报告指出:

> 在T2北段解剖沟内发现修补城墙的遗迹。后补部分为黄色夯土(按,原城墙为红褐色夯土),以黄白色生土夯打而成,其南北宽为0.4—0.9米、高2米。黄色夯土内未出现任何文化遗物,但地层叠压关系清楚:它打破第五层(T2第五层的年

---
[1]《史记·殷本纪》,见司马迁著《史记》卷三,北京:中华书局,1959年,第102页"盘庚渡河南,复居成汤之故居"。

代属二里冈上层），并坐在城墙外侧的附属堆积上，而在探沟之第三、四层文化层下（T2第三层为汉代文化层，第四层和第五层同属二里冈上层），为判断修补的时间提供了依据。[1]

关于偃师商城的性质，专家们多认为它是汤都西亳。发掘报告指出，"在与二里冈上层相当的某段时间里，城墙曾作过修补，该城废弃的年代，约相当于二里冈上层晚期或更迟一些的时期"。二里冈上层文化与殷墟文化第一期是同时期的考古文化，正值盘庚、小辛、小乙在位的时期。偃师商城城墙的修补应当是盘庚自殷迁此以后所进行的。

说到这里，应当简单讨论一下"都"的概念问题。自从专制主义中央集权的国家出现以后，"都"常被理解为首都，是全国的政治中心，但在此之前，"都"的全国政治中心的含义并不浓厚。《左传》庄公二十八年

---

[1] 段鹏琦、杜玉生、肖淮雁：《偃师商城的初步勘探和发掘》，见《考古》，1984年第6期。

三、从盘庚迁殷说到《尚书·盘庚》三篇的次序问题

说:"凡邑有宗庙先君之主曰都，无曰邑。"[1]这是先秦时代关于"都"的概念的典型说法。当然，有先君宗庙之邑往往是政治中心，这二者可能是重合的，但是它所强调的并非政治中心。先秦时代的"都"的概念是族在政治中有巨大影响这一情况的反映。商王朝的"都"曾经多次迁徙，它和后世作为全国政治中心的首都的迁徙是有一定区别的。商王所到之处往往建立先君宗庙，这个地方也就可以称为"都"，所以商代应该是数"都"并存的。盘庚从殷迁到亳，殷和亳都是当时的商王朝的"都"。盘庚以后的小辛、小乙两世，也当是居于亳的，直到武丁时期才返回殷。这与偃师商城逐渐废弃的时代相符合。

无独有偶，几乎是在偃师商城修补的同时，郑州商城也进行了修补。郑州商城的许多发掘探沟里有二里冈上层的文化堆积，如房基、窖穴、灰坑、墓葬等。郑州商城的废弃年代也和偃师商城大体一致，是在二

---

[1]《左传》，见阮元校刻《十三经注疏·春秋左传正义》卷十，北京：中华书局，1980年，第1782页。

里冈上层文化晚期[1]。今郑州商城与偃师相距不远,如果推测盘庚迁到西亳,即今偃师商城以后,还曾到过郑州商城,那么这当不是无稽之谈。从建筑规模和文化堆积情况看,郑州商城作为商王朝都邑的时间可能是长于偃师商城的。这里可以举出一件彝铭资料略作说明。《利簋》载:"辛未,王在𬎆师,锡右史利用。"此铭讲武王伐纣,于甲子日克商,六天之后的辛未日到达𬎆。这个"𬎆"字原来很繁复,从宀、从東、从门、从月,后来省写为𬎆,成王时的《𬎆鼎》即如此。今为方便计,统写作𬎆。古代文字从间、从官之字每音同字通,所以于省吾先生说《利簋》的𬎆,"应读为管蔡之管"[2],此说甚确。殷器《戍嗣子鼎》有商王在"𬎆宗""𬎆大室"的记载,它器亦有"王在𬎆"的记载。此地既有商王的宗、大室,那么它就应当是商王朝的一处都邑。𬎆地在春秋时称为管,《左传》宣公十二年:"次于管以待之。"杜注:"荥阳京县东北有管城。"管地在今河南郑州。《逸周书》的《大匡》《文政》两篇均有

---

[1] 《郑州商城遗址发掘简报》,见《文物》,1977年第1期;《郑州商城遗址发掘报告》,见《文物资料丛刊》,1979年第1期。
[2] 于省吾:《利簋铭文考释》,见《考古》,1977年第8期。

三、从盘庚迁殷说到《尚书·盘庚》三篇的次序问题

武王灭商以后到柬的记载。它从侧面反映了柬地的重要,成为商的一处都邑。所以说盘庚从西亳又到郑亳是合乎情理的事情,考古学的成果为此说提供了证明。郑振香先生说:"自五十年代郑州二里冈、辉县琉璃阁等遗址内发现早于殷墟文化的商文化以来,考古学家、历史学家都认为殷墟文化是承袭郑州二里冈商代文化发展而来的,多年的发掘资料证明这一意见是正确的。"[1]殷墟地区的梅园庄和孝民屯第三区遗址"所出的典型器物,有的同于郑州二里冈下层文化,有的与河南偃师二里头第四期文化接近","孝民屯出土的一件三角形铜刀,形制极似二里头商代早期遗址所出的一件"[2]。这些都说明了殷墟、郑州、偃师三处商代遗址确有文化内涵上的密切联系。

总之,盘庚迁殷以后,从殷又迁往今河南偃师和郑州一带,这在文献和考古资料上是可以得到证明的,盘庚至小乙时期商王的建都、迁都的具体情况虽然难

---

[1] 郑振香:《论殷墟文化分期及其相关问题》,见《中国考古学研究》,北京:文物出版社,1986年。
[2] 中国社会科学院考古研究所:《殷墟发掘报告》,北京:文物出版社,1987年,第280、281页。

以索考，但商王朝将统治重心从今偃师、郑州一带迁往今殷墟的时代则可考见。《国语·楚语》上说："昔殷武丁能耸其德，至于神明，以入于河，自河徂亳，于是乎三年默以思道。"所云"以入于河"，韦注"迁于河内"，是此时武丁自河南迁到了大河以北。所云"自河徂亳"，韦注"从河内往都亳也"。按，此亳即亳社，亦即殷社，卜辞中屡有祭祀于亳社的记载[1]。武丁可能是在亳社"默以思道"的，故有"自河徂亳"之说。武丁曾"旧劳于外，爰暨小人"[2]，结识过傅说，因此后来有"得说于傅险"[3]之举。傅险在今山西平陆，临黄河，在今偃师以西。武丁继位前生活于民间，其地不会距都邑太远，或许就在傅险一带，则小乙时仍当都于河南。考古资料和卜辞一致证明武丁已居于殷，他迁往大河以北可能是继位以后的事情。

我们通过对于文献和考古资料的讨论，清楚了盘庚迁殷以后再次迁徙的大致情况。这对于我们探索《尚

---

[1] 《合集》28106—28111。
[2] 《尚书·无逸》，见阮元校刻《十三经注疏·尚书正义》卷十六，北京：中华书局，1980年，第221页。
[3] 《史记·殷本纪》，见司马迁著《史记》卷三，北京：中华书局，1959年，第102页。

书·盘庚》篇的问题是有意义的。

（四）从《盘庚》篇内容看其次序问题

《尚书·盘庚》篇是公认的研究商代历史的最珍贵的文献资料，对其价值是无庸多言的。对于盘庚迁殷以后是否再迁徙的问题，它为我们提供了最重要、最直接的文献根据。我们拟从以下六个方面探讨。

第一，《盘庚》三篇每一篇都开宗明义讲清楚了本篇所述内容的时间。上篇云"盘庚迁于殷，民不适有居"，指盘庚已经从奄地迁到了殷。这时民众甚有怨言，所以盘庚考虑再迁，故中篇云"盘庚作，惟涉河以民迁"。下篇载迁至西亳以后事，故谓"盘庚既迁。奠厥攸居"。迁于殷之事仅见于上篇，而中、下篇无一迁殷字样，这也很能说明问题。若依俞樾断定三篇次序，则迁殷字样应在中篇或下篇；而《盘庚》篇首就讲"迁于殷"，可见之后的内容均当为盘庚迁殷以后事。

第二，最能证明三篇次序的是"新邑"的问题。全篇"新邑"凡四见，试依次说之。

上篇云"若颠木之有由蘖，天其永我命于兹新邑，绍复先王之大业，底绥四方"，意谓如同仆倒的树木又生出新芽一样，天使我们的国运在这新邑得以延续，使我们能够继承和恢复先王的大业并安定四方。因为篇首已明指"盘庚迁于殷"，所以"兹新邑"必指殷而无疑。

中篇有两"新邑"，其一云："殷降大虐，先王不怀厥攸作，视民利用迁。汝曷弗念我古后之闻？承汝俾汝，惟喜康共；非汝有咎，比于罚。予若吁怀兹新邑，亦惟尔故，以丕从厥志。"意谓每当天降大灾时，先王总是不留恋其亲手缔造的城邑，而是为民众利益进行迁徙。你们为何不考虑先王对民事的勤勉呢？我是为了拯救你们、保护你们，使大家共享安乐；并不是你们有了过错，把迁徙当作对你们的惩罚。我曾呼吁大家留恋此新邑，但也是为了你们的缘故，我才作出新的决定以遵从先王的意志。盘庚所说的"厥志"，即先王意志，指先王"不怀厥攸作，视民利用迁"。这段话的根本意思要人们不可再留恋此新邑了，应当遵从先王的意志进行迁徙。盘庚迁殷之初，可能是想长期君留于此的，但民众和贵族们意见纷纷，即盘庚所谓的

三、从盘庚迁殷说到《尚书·盘庚》三篇的次序问题

"今汝聒聒,起信险肤","胥动以浮言,恐沈于众"[1],因此经过慎重考虑后才决定"试以汝迁,安定厥邦"[2]。既然"兹新邑"指殷,那么从"兹新邑"出发所进行的再次迁徙便应当是《史记·殷本纪》所说的"涉河南,治亳"[3]。中篇所提到的另一个"新邑"见于下面一段话:"乃有不吉不迪,颠越不共,暂遇奸宄,我乃劓殄灭之,无遗育,无俾易种于兹新邑。往哉,生生!今予将试以汝迁,永建乃家。"[4]意谓若有人不善良和顺,不听命令,奸诈邪恶,我就将其杀戮绝灭,不使其遗留后裔,不使其劣种在此新邑延续。去吧,去追求新的生活。如今我将要把你们迁移过去,永建你们的家园。所谓"往哉",从哪里"往",依文义看,只能是从"兹新邑"往。这段话同样表明了"新邑"指殷,盘庚是在"新邑"动员民众再迁徙的。能否作另外一种解释,即

---

[1] 《尚书·盘庚上》,见阮元校刻《十三经注疏·尚书正义》卷九,北京:中华书局,1980年,第169页。

[2] 《尚书·盘庚中》,见阮元校刻《十三经注疏·尚书正义》卷九,北京:中华书局,1980年,第170页。

[3] 《史记·殷本纪》,见司马迁《史记》卷三,北京:中华书局,1959年,第102页。

[4] 《尚书·盘庚中》,见阮元校刻《十三经注疏·尚书正义》卷九,北京:中华书局,1980年,第171页。

"新邑"之事不是从殷出发外迁,而是指从奄地出发而将要迁往殷呢?答案是否定的。关键在于"新邑"之前有"兹"字加以限制。兹者,此也。"兹新邑"即此新邑。若说是指自奄地将要迁往之处,则当是"彼新邑",而绝不会是"兹新邑"。

下篇提到"新邑"的一段话是"朕及笃敬,恭承民命,用永地于新邑"。所谓"永地于新邑",指永远居住于新邑。此时盘庚迁西亳以后之事,故有永地之说。我们可以将下篇的"永地于新邑"和上篇的"永我命于兹新邑"进行比较。上篇为盘庚迁于殷而尚未再次迁徙时事,故只谓"永我命",即延长我之命于此新邑,并不提永远居留之事。下篇开始即言"盘庚既迁",为再迁以后之语,所以才有保护民命安居于此之义。

总之,《盘庚》上、中、下三篇关于"新邑"的用法表明,盘庚确曾在殷地,即"兹新邑"动员民众和官员再次迁徙。假若按照俞樾的说法,《盘庚》中篇指"未迁"于殷之时,那么这时盘庚尚在奄地,他当称殷为"彼新邑",而不会是"兹新邑"。《盘庚》中篇的"兹新邑"称谓证明是篇所述必定为迁殷以后之事。应当说,"新邑"之称实是俞说的一个不可逾越的障碍。

三、从盘庚迁殷说到《尚书·盘庚》三篇的次序问题

第三,《盘庚》上篇言"盘庚迁于殷",知其所述为迁殷以后之事。其中有云:"先王有服,恪谨天命;兹犹不常宁,不常厥邑,于今五邦。今不承于古,罔知天之断命,矧曰其克从先王之烈?"这时已经居于殷地,但盘庚仍然号召大家"从先王之烈",即从事先王们的功业,这功业就是"不常宁,不常厥邑"。这种情况除了说明盘庚有意于再次迁徙以外,很难作出其他解释。

第四,《盘庚》中篇所述为在"兹新邑",即殷地之事,其中有云"失于政,陈于兹,高后丕乃崇降罪疾,曰:曷虐朕民!"意谓如果由于我在政治上的失误,不能决策再次迁徙,而使民众长久地滞留在此新邑,那么先王就会重重地降下惩罚和疾患,责问我为什么虐待民众。显而易见,这段话表明盘庚认为不应当"陈于兹",而必须再次迁徙。

第五,《盘庚》中篇谓"盘庚作,惟涉河以民迁"。旧说或以为指盘庚欲从奄渡过黄河而迁于殷。其实,奄(今山东曲阜)地虽然今日距黄河不算远,但商周时期的古黄河并不入今山东境,因此奄地距古黄河很远。商周时期,古黄河在今河南荥阳一带即折而东北

流，至今豫北浚县的大伾山又北流，穿过今河南省内黄和安阳之间入今河北境，流入古大陆泽，最后在今天津一带入渤海。古本《竹书纪年》说："河亶甲整即位，自嚣迁于相。"[1]《吕氏春秋·音初》说，"殷整甲徙宅西河，犹思故处，实始作为西音。"[2] 河亶甲所居之相，《括地志》《元和郡县志》等皆谓在今河南省内黄县。相又称西河，亦可证当时的黄河不是自豫入鲁，而是入冀的。盘庚再次迁徙时首先考虑到"涉河"，是黄河必当在其居地的近处。今殷墟地区的东、南两面均距古黄河不远。殷墟卜辞屡有"河东"之称，还有一"出虹自北饮于河"[3]，谓虹自北出现后横越天际，像要饮水于南方之河。凡此都可以说明殷在豫境的古黄河西北不远处。盘庚"涉河以民迁"[4]，即"涉河南，治亳"[5]

---

[1] 方诗铭、王修龄：《古本竹书纪年辑证》，上海：上海古籍出版社，1981年，第27页。
[2] 《吕氏春秋·音初》，见许维遹撰，梁运华整理《吕氏春秋集释》卷六，北京：中华书局，2009年，第141页。
[3] 《合集》10405反。
[4] 《尚书·盘庚中》，见阮元校刻《十三经注疏·尚书正义》卷九，北京：中华书局，1980年，第170页。
[5] 《史记·殷本纪》，见司马迁著《史记》卷三，北京：中华书局，1959年，第102页。

三、从盘庚迁殷说到《尚书·盘庚》三篇的次序问题

的实际路线完全合乎古黄河与殷的方位关系。反之，如果以为"涉河以民迁"指从奄迁殷，那么从奄地出发时决不会首先考虑"涉河"的问题，而是先要长途跋涉，最后才是渡黄河，因为渡过黄河，殷地也就到了。总之，从古黄河的流向看，《盘庚》中篇的"惟涉河以民迁"必指自殷向南渡河而言。此亦为盘庚迁殷后曾再次迁徙之一证。

第六，《盘庚》下篇有几句很费解的话，谓"古我先王，将多于前功，适于山用降我凶，德嘉绩于朕邦"。意指先王们要发扬光大前人的功业，往往迁于山地以减降灾患，从而使前人的美好业绩在我们的邦邑里得以继续。盘庚所以要说这几句话，是为了证明他率领民众所进行的迁徙与先王的作为完全一致。所谓"上帝将复我高祖之德，乱越我家"[1]，意指盘庚认为要安定国家，必须按照上帝的旨意，回复到祖先的作为上去。过去由于把《盘庚》下篇的"盘庚既迁"解为盘庚已经从奄迁到了殷，所以后面的"适于山"就很难索解了。殷墟一带为平川之地，为什么盘庚要用"适于山"

---

[1]《尚书·盘庚下》，见阮元校刻《十三经注疏·尚书正义》卷九，北京：中华书局，1980年，第172页。

这样的先王的作为和自己进行的迁徙相类比呢？这确实是旧说无法回答的问题。历代注释家多谓这几句有衍文错简或误字，然宋代学者蔡沈《尚书集传》却眼光犀利，谓"适于山"指"往于亳"，是因为亳地依山的缘故。这个解释深中肯綮，是正确的。就偃师商城的地理位置看，它北依绵延数十里的邙山，面向洛河，披山带水，而且是东西交通的孔道。盘庚所举先王"适于山"，当指成汤到邙山之麓建立西亳。盘庚以"上帝将复我高祖之德"相号召，就是要大家信奉神意，重演成汤都西亳故事。《史记·殷本纪》载盘庚告谕诸侯大臣语，"昔高后成汤与尔之先祖俱定天下，法则可修"，并谓盘庚都亳以后"百姓由宁，殷道复兴，诸侯来朝，以其遵成汤之德也"[1]；盘庚以遵成汤之德而自诩，他所以举出先王的"适于山"，原因就在于此。另外，《盘庚》下篇谓殷民"荡析离居，罔有定极"，并责问"曷震动万民以迁"，细绎其义，当非自奄至殷一次迁徙所形成的情况，也应当是再次迁徙的结果。

总而言之，如果不是先有一个固定的模式，先断

---

[1]《史记·殷本纪》，见司马迁著《史记》卷三，北京：中华书局，1959年，第102页。

三、从盘庚迁殷说到《尚书·盘庚》三篇的次序问题

定盘庚迁殷后不再徙都,而是实事求是地分析《盘庚》三篇的内容,那就会看到《盘庚》篇和其他文献关于盘庚迁殷以后又再次迁徙的记载是一致的。由此我们也可以看到司马迁关于盘庚"涉河南,治亳"的说法,并非孟浪无根之谈,它和《史记·殷本纪》准确可靠地记载商王世系的情况一样,也应当是渊源有自、基本可信的。由此我们也可以断定《尚书·盘庚》三篇的次序并无舛误,它是盘庚迁殷及以后再度迁徙的情况的宝贵文献记载。关于《盘庚》三篇的次序问题的探讨启示我们,对于古文献应取慎重态度,不可仅凭怀疑就轻易改动,而必须深入研究分析,弄清其真谛,这样才能使古代文献在史学研究中发挥应有的作用。

四、论先秦儒家理论视域中的"同"

自孔子说过"君子和而不同"之后,后儒对于"同"的批判随着时代的发展愈发严厉,然而在先秦儒家的理论视域中,对于"同"的认识是全面的,既有批判,也有认同。孔子就首先采用了"大同"一词,来命名远古最美好的时代。"大同"之"同",并非如前人所谓的就是"和",而是儒家理论视域中"同"这一概念的集中体现,本质是说明人际之间的平等、均等状态。通过儒家对于"大同"境界的赞美,可以看出先秦早期儒家对于"同"的认可。

在儒家理念中,自孔子说过"君子和而不同"[1]之后,似乎"同"就成了与"和"截然相反的、消极的、

---

[1] 《论语·子路》,见阮元校刻《十三经注疏·论语注疏》,台北:艺文印书馆,2001年,第119页。

必须否定的东西。然而,据《礼记·礼运》篇记载,孔子还说过理想世界就是"大同"的话,于是后儒又对"大同"称颂不已。那么,这一个"同"的观念,到底是耶,非耶?是该赞成它,抑或是该否定它呢?这表明,对于儒家理论视域中的"同"的观念,实有探讨和缕析的必要。

(一)"同"字古义及其演变

"同"字古义指统一、一致,早期儒家经典多在这个意义上用它。提到"同"字的最早的文献记载,当属《尚书·盘庚》篇。此篇一谓"暨予一人猷同心"(意即和我同心),一谓"有乱政同位"(意即有乱政贪冒之人同在官位)。[1] 两个"同"字,都表示了"相同""共同"之义。《尚书·皋陶谟》:"天秩有礼,自我五礼有庸哉,同寅协恭和衷哉。"[2] 意思是说:上天秩序已经

---

[1] 《尚书·盘庚中》,见阮元校刻《十三经注疏·尚书正义》卷九,台北:艺文印书馆,2001年,第132页。
[2] 《尚书·皋陶谟》,见阮元校刻《十三经注疏·尚书正义》卷四,台北:艺文印书馆,2001年,第62页。

是有礼的，所以人世间的天子、诸侯、卿大夫、士、庶民五个阶层的人都有礼法可循，都须一致地尊崇礼法，和谐相敬，衷心相爱。这里的"同"字，就是"一致""相同"的意思。《尚书·益稷》篇还谓"帝不时敷同，日奏罔功"[1]，所谓"敷同"，就是不加区别，一律任用。"同"亦有"同一""一致"之义。《尚书·禹贡》篇在这个意义上提到了更多的"同"字，如"九州攸同""四海会同"[2]等等。总之在早期儒家经典中，"同"字之义多指"一样"或"统一"。《尚书·泰誓》所谓的"同力度德，同德度义""同心同德"[3]，可谓典型表达。

"同"字在甲骨文和金文中皆从"凡"从"口"，"凡"字初为木筏形，当从同舟共济取义，谓众所归一。[4]《说

---

[1] 《尚书·益稷》，见阮元校刻《十三经注疏·尚书正义》卷五，台北：艺文印书馆，2001年，第70页。

[2] 《尚书·禹贡》，见阮元校刻《十三经注疏·尚书正义》卷六，台北：艺文印书馆，2001年，第90页。

[3] 《尚书·泰誓》，见阮元校刻《十三经注疏·尚书正义》卷十一，台北：艺文印书馆，2001年，第153、155页。

[4] 《说文解字》谓："同，合会也。从冃从口。"（许慎：《说文解字》，北京：中华书局，1963年，第156页）然而甲骨文与金文不是如此，而是从"凡"，说详方述鑫等编：《甲骨金文字典》，成都：巴蜀书社，1993年，第559页。又，"凡"字字形与舟相似，故而后来字多相混，见《甲骨金文字典》，第1040页。此说可信。

文解字》训"同"字之义谓"合会也"。其实,它即从"凡",则亦承此而有总括、概括之义。"同"字在文献中亦常表示对于权力的顺服,《诗经》中此例习见,如《大雅·文王有声》"四方攸同"[1],《大雅·常武》"徐方既同"[2],《鲁颂·閟宫》"淮夷来同"[3]等。此外,还有"会同"一词,如《左传·定公四年》载春秋时期卫人语"会同难,啧有烦言"[4]。战国时期器《中山王壶》铭文"退与者(诸)侯齿长于会同"[5],其所提到的"会同",指诸侯的盟会结盟之事。若许多诸侯共同朝见天子,亦称会同,《诗经·小雅·车攻》的"会同有绎"[6],即此。不管如何"会同"一词都表示着许多诸侯共同的意志。

---

[1]《诗经·文王有声》,见阮元校刻《十三经注疏·毛诗正义》卷十六,台北:艺文印书馆,2001年,第584页。

[2]《诗经·常武》,见阮元校刻《十三经注疏·毛诗正义》卷十六,台北:艺文印书馆,2001年,第693页。

[3]《诗经·閟宫》,见阮元校刻《十三经注疏·毛诗正义》卷二十,台北:艺文印书馆,2001年,第782页。

[4]《左传·定公四年》,见阮元校刻《十三经注疏·春秋左传正义》卷五十四,台北:艺文印书馆,2001年,第946页。

[5]《集成》9735。

[6]《诗经·车攻》,见阮元校刻《十三经注疏·毛诗正义》卷十,台北:艺文印书馆,2001年,第367页。

要之,商和西周时期,"同"字用来表示统一、一致、顺服,尚未有贬斥之义出现。大约从两周之际开始,才出现了它的另外一种用法。据《国语·郑语》载,周幽王时的史伯提出"和实生物,同则不继"的观念,认为事物都应当是多样性的,"声一无听,色一无文,味一无果,物一不讲"[1]。多样事物的和谐相处,就是"和",如果相反,硬要许多事物都单调划一,那就是"同",如果皆是雷同单一,那就不会有所发展("同则不继")。《左传·昭公二十年》亦载,春秋后期齐贤臣晏婴曾谓:"若以水济水,谁能食之?若琴瑟之专一,谁能听之?"向齐景公说明"和"与"同"的差异。他向齐景公指出,佞臣梁丘据"君所谓可,据亦曰可;君所谓否,据亦曰否"[2],那只是"同"而不是"和"。史伯和晏婴的这些论述,流传很广,成为人们认识"和""同"关系的经典言论。这些事例表明,从两周之际开始,人们所理解的"同"已经出现贬义。但这种贬义只在于强调其单调、划一与随声附和,尚

---

[1] 徐元诰:《国语集解》,北京:中华书局,2002年,第470、472页。
[2] 《左传·昭公二十年》,见阮元校刻《十三经注疏·春秋左传正义》卷四十九,台北:艺文印书馆,2001年,第861页。

无很多其他的贬斥。

（二）儒家对于"同"观念的批判与使用

对于"同"的贬斥，自从孔子讲过之后，有了很大发展。这个贬斥见于《论语·子路》篇。是篇载孔子语谓："君子和而不同，小人同而不和。"[1] 这是贬斥"同"的最著名的言辞。那么何者为"和"，何者谓"同"呢？何晏《集解》云："君子心和，然其所见各异，故曰不同。小人所嗜好者同，然各争利，故曰不和。"关于"和""同"之义，这里所释不够明晰。南北朝时期皇侃谓："云'小人同而不和'者，小人为恶如一，故云同也。好斗争，故云不和也。"[2] 朱熹谓："和者，无乖戾之心。同者，有阿比之意。"所释甚精。朱熹还引尹氏说，将它与儒家的义利之辨联系起来分析，谓："君子尚义，故有不同。小人尚利，安得而和？"[3] 他还谓：

---

[1] 《论语·子路》，见阮元校刻《十三经注疏·论语注疏》卷十三，台北：艺文印书馆，2001年，第119页。
[2] 皇侃：《论语集解义疏》（卷七），北京：中华书局，1985年，第187页。
[3] 《论语集注》（卷七），见朱熹撰《四书章句集注》，北京：中华书局，1983年，第147页。

"盖君子之心,是大家只理会这一个公当底道理,故常和而不可以苟同。小人是做个私意,故虽相与阿比,然两人相聚也便分个彼己了;故有些小利害,便至纷争而不和也。"[1] 总结这些说法,"同"之义,不外乎是乖戾、见利忘义、为私利而纷争等项。

随着时代的发展,对于"同而不和"的批判亦逐渐升温。元儒陈天祥谓:"巧媚阴柔,随时俯仰。人曰可,己亦曰可。人曰否,己亦曰否。惟言莫违,无唱不和。此小人之同也。"[2] 元儒胡炳文谓持"同"之小人"其心术全然不好"[3]。清儒更是大加挞伐,谓:"小人之心,私其与人也。曲意徇物,每怀阿比之义。屈法以合己之党,背道以顺人之情。何其同也。然外若相同,而内实不和。势之所在则挟势以相倾,利之所在则争利以相害。"[4] 加在"同而不和"上的罪名,如为恶、好

---

[1] 黎靖德编:《朱子语类》卷四十三,北京:中华书局,1994年,第1111页。
[2] 陈天祥:《四书辨疑》卷七,见《文渊阁四库全书本》第二〇二册,台北:商务印书馆,1986年,第423页。
[3] 胡炳文:《论语通》卷七,见《文渊阁四库全书》第二〇三册,台北:商务印书馆,1986年,第296页。
[4] 薛治点校:《日讲四书解义》,北京:华龄出版社,2012年,第148页。

斗、谄媚、阴险、附和、嗜利等，其批判的严厉均在较早的说法之上。古今对于"同而不和"的批判，虽然源于孔子给它戴上的一顶"小人"的帽子，但自孔子之语以后批判得更加严厉，则是事实。后儒多从批判的角度取义以释解"小人同而不和"之论，可以说是将"同"钉上了道德的耻辱柱。

然而，春秋战国时期也还有另外的声音存在。墨子就曾高扬"尚同"之帜，《墨子·尚同上》谓"乡长唯能壹同乡之义，是以乡治也"，"国君唯能壹同国之义，是以国治也"，"天子唯能壹同天下之义，是以天下治也"。[1] "尚同"理论的核心内容在于使天下都和圣王天子保持思想与行动的完全一致，做到上下同义，以统一意志与行动作为"为政之本"。先秦时期，还有学者将"同"理解为知人之道或自保之术，对它采取肯定的态度。《管子·白心》篇所说的"孰能弃刺

---

[1] 孙诒让撰，孙启治点校：《墨子间诂》，北京：中华书局，2001年，第76页。按《管子·版法解》所云："与天下同利者，天下持之；擅天下之利者，天下谋之。天下所谋，虽立必墮。天下所持，虽高不危。故曰：'安高在乎同利。'"（黎翔凤：《管子校注》，中华书局，2004年，第1205页）其思想与墨子的尚同观念是一致的。可见战国时期尚同思想亦有流传。

刺而为愕愕乎？难言宪术，须同而出。无益言、无损言，近可以免……去辩与巧，而还与众人同道"[1]，这与后世所谓的"大智若愚""难得糊涂"的意蕴如出一辙。道家将混同天下万物的绝对的"同"，称为"玄同"，认为"同"是"异"的反面，谓"合异以为同，散同以为异"[2]，以此来强调事物的统一性。

其实，离开了君子、小人之辨的语境，孔子并不一概反对"同"。《周易·乾卦·文言》引孔子语"同声相应，同气相求"，已有类一而同的观念。[3]《礼记·孔子闲居》篇载有孔子之语"无体之礼，上下和同"[4]，将"同"与"和"连用，肯定了"同"也是一种和谐状态。

---

[1] 黎翔凤：《管子校注》，北京：中华书局，2004年，第804—807页。

[2] 《庄子·则阳》，北京：中华书局，1987年，第233页。

[3] 孔子的这个观念，墨子与其一致。在墨子的逻辑理论中，"同"者首先应当是一类的事物，不是一类者不能相同，"有以同，类同也……不有同，不类也"（《墨子·经说上》，见孙诒让撰，孙启治点校《墨子间诂》，北京：中华书局，2001年，第352页）。其次，不一致的事物，也有相同之处，"同"还意味着在差异之中寻找出一致之处，即墨子所谓"同，异而俱于之一也"（《墨子·经上》，见孙诒让撰，孙启治点校《墨子间诂》，北京：中华书局，2001年，第316页）。

[4] 关于此语之意蕴，清儒孙希旦谓若实行"心之敬而无待于事"之礼就会"上下和睦而齐同"（《礼记集解》卷四十九，北京：中华书局，1989年，第1276—1277页）。

四、论先秦儒家理论视域中的"同"

"和同"一词的出现,应当在孔子之前,按照《国语·周语上》载周宣王时虢文公语,即提及"财用不乏,民用和同"[1];《左传·成公十六年》载春秋中期楚臣申叔时语,提到"民生敦庞,和同以听"[2];《国语·郑语》载周幽王时史伯语,也提到"讲以多物,务和同也"[3]。《国语·周语中》亦提到春秋中期周定王语"和同可观",韦昭注云:"以可去否曰和,一心不二曰同。和同之道行,则德义可观也。"[4]其释"同",即同心同德之义。《礼记·月令》篇讲到孟春之月时,谓:"是月也,天气下降,地气上腾,天地和同。"[5]此篇成书时代较早,其用"和同"一语,亦在孔子之前。依现有的材料,可以推测,"和同"一语的行用当始于西周后期,在"和同"一语里面,同与和之义是一致的。前引孔子之语表明,他对于这种"和同"的观念实持肯定态度。

---

[1] 徐元诰:《国语集解》,北京:中华书局,2002年,第21页。
[2] 《左传·成公十六年》,见阮元校刻《十三经注疏·春秋左传正义》卷二十八,台北:艺文印书馆,2001年,第473页。
[3] 徐元诰:《国语集解》,北京:中华书局,2002年,第472页。
[4] 徐元诰:《国语集解》,北京:中华书局,2002年,第61页。
[5] 《礼记·月令》,见阮元校刻《十三经注疏·礼记注疏》卷十四,台北:艺文印书馆,2001年,第288页。

战国时期的儒家比较重视社会上流传的"和同"一体的观念,每每用其说明自己的理论。《郭店楚简·五行》篇曾经阐述了认知、臣服、行动、尊敬等四种行为,还分析了耳鼻口手足皆受心的指挥而行动的事实,指出"和则同,同则善"[1]。这里的逻辑是:由和谐而统一,由统一而臻至美善,所以说"同"是达到美善状态的必不可少的一个环节。此《逸周书·成开》篇所说的"德以抚众,众和乃同"是完全一致的。儒家弟子解释《周易》时曾谓"与人同者,物必归焉"[2],所谓"与人同",即与别人同心同行。《礼记·乐记》解释音乐演奏时,演奏音乐的人应当听从统一指挥,步调一致,即"乐者为同""同则相亲"[3],这样才能够演奏出完美的音乐。

在儒家的理论视域中,"同"这一观念是多方面的。就其贬斥否定方面而言,它指小人的随声附和的恶行;就其褒奖和肯定方面而言,它包括了统一指挥、统一步调、亲善他人、同心同德等。其逻辑思路的起点是

---

[1] 荆门市博物馆编著:《郭店楚墓竹简》,北京:文物出版社,1998年,第151页。

[2] 《周易·序卦》,北京:中华书局,1991年,第291页。

[3] 《礼记·乐记》,见阮元校刻《十三经注疏·礼记注疏》卷三十七,台北:艺文印书馆,2001年,第667页。

四、论先秦儒家理论视域中的"同"

重视事物的统一性。保存儒家学说的《郭店楚简·成之闻之》篇谓:"君子不贵徿(庶)勿(物),而贵与民又(有)同也。"[1]所谓的"与民有同",就是与民众保持一致而不是背离疏远。这与春秋前期周内史名过者所说的国君治国之道中的"其惠足以同其民人"[2]是完全一致的。

战国时期,"同"的概念应当包括着两个方面的内容。一指统一、一致、相同。这方面的意思虽然属于中性,可是却多用其为褒义。二指雷同、单调。这一概念多用为贬义,用来指只重视事物的共性而忽视其特性的消极认识与做法。孔子在分析"君子""小人"品格问题时,正是抓住了"同"概念中这后一个方面而提出了"君子和而不同"的命题。在当时的语境中,孔子的认识可以说是十分深刻并且独树一帜的。继孔子之后,战国时期的儒者,亦有从这一角度来提及这一概念的。如《郭店楚简·性自命出》篇谓:

---

[1] 荆门市博物馆编著:《郭店楚墓竹简》,北京:文物出版社,1998年,第167页。
[2] 《国语·周语上》。按,韦昭注谓"同,犹一也",意即国君的恩惠可使民众保持统一的思想与行动。徐元诰:《国语集解》,北京:中华书局,2002年,第29页。

> 同方而交，以道者也。不同方而[交，以故者也]。同兑（悦）而交，以惠者也。不同兑（悦）而交，以猷者也。[1]

这里虽然没有讲"同而不和"，但其所说的现象是与之相一致的。这里的意思是说，同类之人相交往，那是以道为原则的。不同类的人相交往，那一定是有缘故的。共同爱好的人相交往，那是以德为标准的。没有共同爱好的人相交往，那只是一种策略（"猷"）。不"同方"、不"同悦"的人相交往，只能是"小人"的"同而不和"，是不顾及道、德这些原则的。除此之外，先秦儒家还有用"同""异"的观念分析《周易》者，《周易·睽卦·象》提出"君子以同而异"[2]，意谓综合事物

---

[1] 荆门市博物馆编著：《郭店楚墓竹简》，北京：文物出版社，1998年，第181页。按，方括号内的文字为拟补，其中的"故"字系李零先生拟补（李零：《郭店楚简校读记》，北京：北京大学出版社，2002年，第107页）。专家或拟补"利"字（郭沂：《郭店竹简与先秦学术思想》，上海：上海教育出版社，2001年，第259页）。虽亦可通，但补为"故"，释其为缘故，可能更合适些，这"缘故"可能指的是权宜之计。

[2] 《周易·睽卦》，见阮元校刻《十三经注疏·周易正义》卷四，台北：艺文印书馆，2001年，第91页。

之同又分析其异，意犹《周易·系辞》所言"天下同归而殊途"[1]，亦犹《郭店楚简·语丛》篇所谓"凡同者迥（通）"[2]。这些都反映了儒家对于事物统一性的重视。总之，先秦儒家对于"同"这一概念的理解全面而深入，在阐释相关理论时，既用其褒义，又用其贬义。

（三）"大同"观念考析

"大同"这一观念，虽然以孔子所讲的"大同"之世最有名，但它并非孔子的发明。"大同"一语，可能在两周之际即已出现。《尚书·洪范》篇谓：

> 汝则有大疑，谋及乃心，谋及卿士，谋及庶人，谋及卜筮。汝则从，龟从，筮从，卿士从，庶民从，是之谓大同。

---

[1] 《周易·系辞下》，见阮元校刻《十三经注疏·周易正义》卷八，台北：艺文印书馆，2001年，第169页。

[2] 荆门市博物馆编著：《郭店楚墓竹简》，北京：文物出版社，1998年，第199页。

这里讲的是国君如何决疑之事。国君的重大决策，除了自己应当考虑清楚以外，还要跟卿士、庶人商量，还要用占卜和占筮的办法询问神意。如果这些方面的意见都完全一致，这就叫"大同"。这里讲的是结果，指诸方面的意见一致。伪孔传谓："人心和顺，龟筮从之，是谓大同于吉。"[1] 这里讲的是过程。总之，"大同"的本质是意见的高度统一。《尚书》是儒家的重要经典，孔子对于这一"大同"概念应当是很熟悉的。

"大同"这一提法，在战国时期并不罕见，《吕氏春秋·有始》篇讲阴阳家之说，以小喻大，谓"天地万物，一人之身也，此之谓大同"，高诱注："以一人身喻天地万物。《易》曰'近取诸身，远取诸物'，故曰大同也。"[2] 这里是说，天地万物之理皆可以于一人之身上体现出来，即一人之身集中统一了天下万物的所有规律与法则。这个"大同"，指的是最高度的统一。关于这种统一性的依据，《吕氏春秋·应同》篇有所发

---

[1] 《尚书·洪范》，见阮元校刻《十三经注疏·尚书正义》卷十二，台北：艺文印书馆，2001年，第175页。

[2] 陈奇猷校释：《吕氏春秋校释》，上海：学林出版社，1984年，第675页。

明。是篇指出，物类感召的现象不可胜数，"物之从同，不可为记"。最高级别的"同"，是人间万物皆与自然相同，"芒芒昧昧，因天之威（一作"道"），与元同气"，由此引发出一系列的"同"，如同义、同力、同居、同名等，人类社会不同类别者达到的水平亦不一样，即"帝者同气，王者同义，霸者同力，勤者同居"。[1] 这里表明，战国时期的社会观念中，"同"分为高低不等的层次，表示所达到的统一的水平不一样。"大同"就是"同"的最高境界。

战国时期的道家亦曾说到"大同"的观念。《庄子·在宥》篇谓："出入无旁，与日无始，颂论形躯，合乎大同，大同而无己。"[2] 庄子后学极力倡导人们应当达到"无己"的境界。人的思想有最充分的自由，能够自由自在出入，不依傍于别人和外物，思想与时俱进，永不停滞，其容貌躯体合乎自然天地。这样就达到了"大同"的境界。按，是说之大同，与道家所谓的"玄同"，意思相近，皆指人与万物混同为一。庄子后学此语可视为道家的"大同"观。

---

[1] 许维遹:《吕氏春秋集释》，北京：中华书局，2009 年，第 287 页。
[2] 郭庆藩辑:《庄子集释》，北京：中华书局，1961 年，第 395 页。

从方国联盟到"天下一家"

要之,先秦儒家对于"同"的理解与阴阳家、道家并无多少区别。战国诸家多曾提及"同"的概念,亦有采用"大同"之语者,但是以之说明一个时代者则仅见于孔子之语[1]。最为著名的儒家的"大同"理念见于《礼记·礼运》篇,是篇载孔子对子游的大段言辞,其中提到上古时代的社会情况,将最美好的时代称为"大同"。兹将这段话具引如下:

> 大道之行也,天下为公。选贤与能,讲信修睦。故人不独亲其亲,不独子其子。使老有所终,壮有所用,幼有所长,鳏寡孤独废疾者皆有所养。男有分,女有归。货恶其弃于地也,不必藏于己。力恶其不出于身也,不必为己。是故谋闭而不兴,

---

[1] 墨子虽然高扬"尚同"的旗帜,但其所谓的"一同天下之义"(《墨子·尚同中》,见孙诒让撰,孙启治点校《墨子间诂》,北京:中华书局,2001年,第78页)"以尚同一义为政""天子又总天下之义,以尚同于天"(《墨子·尚同下》,见孙诒让撰,孙启治点校《墨子间诂》,北京:中华书局,2001年,第91、95页)云云,皆为其理想社会之表述,而非追忆古代社会。有论者将"人同"思想归之于墨家,尚待较多证明。愚以为作为一个远古美好时代的代称者,还应当说是只见于儒家学派。

四、论先秦儒家理论视域中的"同"

盗窃乱贼而不作,故外户而不闭。是谓大同。[1]

这几乎是当代研究中国古史者人人耳熟能详的话。"大同"一词,还是近代以来仁人志士为之奋斗的美好时代的代称。然而,"大同"的"同"字是什么意思呢?郑玄注谓:"同,犹和也,平也。"[2]依照这个说法,"大同",即犹"大和"。既然如此,何以不径称为"大和",而要拐一个弯子来说话呢?

愚以为"大同"的"同"字不当以"和"为释。"和"本来指关系、关联的状态,可以用来指人与人、物与物,或者人与物之间的状态。而"同"的概念则与之有别,它多指人与人、物与物,或者人与物之间比较之后的一致状态。意即相同、一致。所谓"大同",意即"同"的极致。具体说来,孔子所讲的"大同"有这样两个方面的意思。一是在机遇面前平等,这个平等不是人人的地位都一样而不分高下,而是人人都有合

---

[1]《礼记·礼运》,见阮元校刻《十三经注疏·礼记正义》卷二十一,台北:艺文印书馆,2001年,第413页。
[2]《礼记·礼运》,见阮元校刻《十三经注疏·礼记正义》卷二十一,台北:艺文印书馆,2001年,第413页。

适的地位,这也就是"选贤与(举)能"的目的所在。在这个原则面前,无论男女都有适合自己的归宿("男有分,女有归"),就连鳏寡孤独之人也不例外。二是人人的道德品质都保持高度的统一,天下之人无不"为公",而没有私心("不必藏于己""不必为己"),在道德水准方面,人人皆"为公",而保持着一致。唐儒孔颖达解释"大同"之义,以为那是一个人人都有高尚道德的时代,"'是谓大同'者,率土皆然,故曰'大同'"[1]。其说甚得"大同"之义。说到底,"大同"就是完全的平等和高度的统一。这正是"同"的本义之所在。大同之世虽然也有"和"的因素,如谓"讲信修睦"云云,但毕竟只占有次要位置。简言之,"大同"之"同"就是同,并不是和。

在儒家的理论视域中,"同"的概念旨在强调事物的统一性。事物统一性对于世界及社会的发展有重要影响,儒家学派对此的认识是比较清楚的。《礼记·乐记》指出"乐者为同",演奏音乐的人一定要有同一的节拍,唯有如此才能够做到"同则相亲",让各种乐音

---

[1] 《礼记·礼运》,见阮元校刻《十三经注疏·礼记正义》卷二十一,台北:艺文印书馆,2001年,第413页。

亲和，臻于"乐文同则上下和"[1]的境界。《周易·易传·序卦》谓"与人同（指跟别人同心同行）者，物必归焉"[2]，所以《易传·杂卦》说："'同人'，亲也。"[3] 儒家释《易》的时候，已经看到人际之间保持一定的"同"的状态，这才有亲和力量。提出不同意见进行修正和补充，固然为人际关系所需要，但是，这并不排斥人们的意见和行动应该统一的时候，应当持"同"的态度。可以说，儒家理论视域中对于"同"的这种全面认识，正是提出"大同"概念的深厚基础。

总之，孔子首先采用了"大同"一词，来命名远古最美好的时代。关于理想时代的"大同"概念，是先秦儒家理论中的重要部分。它所提到的"同"，虽不能说与"和"截然无关，但并非如前人所谓的就是"和"。"大同"之"同"，是儒家理论视域中"同"这一概念的集中体现。其本质是说明人际之间的平等、均

---

[1]《礼记·乐记》，见阮元校刻《十三经注疏·礼记注疏》卷三十八，台北：艺文印书馆，2001年，第667页。

[2]《周易·序卦》，见阮元校刻《十三经注疏·周易正义》卷九，台北：艺文印书馆，2001年，第187页。

[3]《周易·杂卦》，见阮元校刻《十三经注疏·周易正义》卷九，台北：艺文印书馆，2001年，第189页。

等状态。完全的平等和高度的统一,这才是先秦儒家理论视域中的"大同"之义。通过儒家对于"大同"境界的赞美,也可以看出先秦时期早期儒家对于"同"的认可。

五、试论西周分封制的若干问题

对于作为西周社会结构柱石的分封制度,前辈专家和时贤学者进行过许多研究,卓见迭出,令人叹服。然而关于西周分封制的一些重要问题尚多歧义,也有的为论者所忽略,因此还有继续探讨的余地。今对这些问题试作论述,以求引玉之效。

(一)周代的分封制始于何时

分封制是周代的一种重要政治制度。关于它开始施行的时间,论者一般笼统地说是周初。这当然没有什么错误,可是假若再具体些,追究到底是周初的什么时间,那么论者则多以为是从武王伐纣以后开始的,难道还有什么疑问不成?其实,这个问题还真应当疑问一下，因为它不仅是一个时间问题，而且牵涉到对分封制实质的理解。

据说殷代就已经有了分封的现象。周公所谓作为殷商"外服"的"侯、甸、男、卫、邦伯"[1]，粗看起来确实和周代的诸侯没有太多的区别，卜辞中也有不少相关的记载。其实，不惟殷代如此，夏代也有类似的情况，所以太史公才说"禹为姒姓，其后分封，用国为姓"[2]。从渊源看，夏商时代的分封现象乃是原始时代部落、氏族繁衍发展情况的继续，只是随着社会发展而增添一些新的内容并形成方国联盟，这才具有了时代特色。周代的分封制虽然不能说与夏商时代的分封现象没有联系，但在本质上两者却有很大区别。夏商时代，分封只是方国联盟的一种补充，当时社会结构的基本格局是在强盛的夏、商王朝周围凝聚着大大小小的众多方国部落，很有些众星捧月的意味。周代的情况则不同，分封制度已是社会结构的主体，它并

---

[1]《尚书·酒诰》，见阮元校刻《十三经注疏·尚书正义》卷十四，北京：中华书局，1980年，第207页。

[2]《史记·夏本纪》，见司马迁著《史记》卷二，北京：中华书局，1959年，第89页。

不单纯依靠周王朝的强盛所产生的凝聚力,而是分封子弟亲戚,让他们建立新的国家,遍及周人势力所能达到的最广大的区域。夏商王朝联系诸方国,主要靠神权;周王朝则主要靠血缘亲戚关系,神权已经退居于十分次要的地位。

关于夏、商与周代情况的这些比较,对我们说明分封制在周初开始施行的具体时间问题很有作用。大致而言,武王时期的"分封",只是夏商时代以来传统的分封现象的继续;周公东征以后大规模的封邦建国才是周代分封制的真正开始。

《史记·周本纪》载武王灭商以后"追思先圣王,乃褒封神农之后於焦,黄帝之后於祝,帝尧之后於蓟,帝舜之后於陈,大禹之后於杞"[1]。这类"褒封"的着眼点在于兴灭国、继绝世。与其说武王此举是在实施分封制,无宁说它是招徕天下诸侯的姿态。戎马倥偬之中,武王所注目的是灭商大业和政局的稳定,并没有真正把分封诸侯提到议事日程上来。《逸周书·度邑》载武王灭商以后曾经夜不能寐,所担心的是"维天建

---

[1] 《史记·周本纪》,见司马迁著《史记》卷四,北京:中华书局,1959年,第127页。

殷，厥征天民名三百六十夫，弗顾亦不宾灭，用戾于今"[1]，考虑如何对待殷商遗留势力。史载表明，武王所走的依然是传统的路子，竭力以周王朝为核心组成新的方国联盟。武王封神农、黄帝、尧、舜、禹的后裔，又封纣子武庚禄父"以续殷祀"[2]，都是以方国联盟领袖的形象出现的。周初武王时期的政体、祭仪甚至历法都一仍殷商旧制，这是周文化对于殷商文化的继承，也为稳定时局所需要。前面所提到的武王的那些分封并不属于周代所创立的分封制度的范围，而是夏商传统的延续。

需要我们特别研究的是《史记·周本纪》所载武王的另外几次"分封"："封尚父於营丘，曰齐。封弟周公旦於曲阜，曰鲁。封召公奭於燕。封弟叔鲜於管，弟叔度於蔡。"[3] 这些"分封"情况除《周本纪》外又散见于《史记》诸"世家"。今依次试作分析。

---

[1] 《逸周书·度邑》，见黄怀信、张懋镕、田旭东：《逸周书汇校集注（修订本）》，上海：上海古籍出版社，2007年，第470页。"灭"或作"成"。
[2] 《史记·殷本纪》，见司马迁著《史记》卷三，北京：中华书局，1959年，第108页。
[3] 《史记·周本纪》，见司马迁著《史记》卷四，北京：中华书局，1959年，第127页。

五、试论西周分封制的若干问题

先说齐国

《史记·齐世家》谓:"於是武王已平商而王天下,封师尚父於齐营丘。东就国,道宿行迟。逆旅之人曰:'吾闻时难得而易失。客寝甚安,殆非就国者也。'太公闻之,夜衣而行,黎明至国。莱侯来伐,与之争营丘。营丘边莱。莱人,夷也,会纣之乱而周初定,未能集远方,是以与太公争国"。[1] 清代学者崔东壁指出:"太公至成王时犹在王室,是太公未尝亲就国也,安有夜衣而行之事乎!此文绝类战国策士之言,盖其所假托"。[2] 此说甚是。太公在武王时并未被封于齐,更主要的理由在于武王时齐地并未在周人手中。齐都营丘,《史记·齐世家》《正义》引《括地志》谓在临淄以北。这一带是蒲姑旧地。《后汉书·郡国》四:"博昌有薄姑城。"[3]《左传》昭公九年杜注:"乐安博昌县北有蒲姑

---

[1] 《史记·齐太公世家》,见司马迁著《史记》卷三十二,北京:中华书局,1959年,第1480页。

[2] 崔述:《崔东壁遗书》,上海:上海古籍出版社,1983年,第341页。

[3] 范晔:《后汉书·郡国志》,北京:中华书局,1965年,第3472页。

城。"[1]《水经注·济水》引《地理书》:"薄姑故城在临淄县西北五十里,近济水。"[2] 这些记载表明薄姑之地在汉魏时代属博昌县境,在今山东博兴县南[3],营丘正在这个地区。蒲姑原为殷商方国,是周初三监之乱的积极参加者。据《尚书大传》记载,早在三监之乱以前蒲姑就曾怂恿武庚禄父抓紧时机举事。《㽔鼎》铭载:"隹(惟)周公于征东尸(夷),丰伯、敷古咸哉。公归,荐于周庙。戊辰,饮秦饮,公赏㽔贝百朋。"[4] 意谓名某者随周公征伐东夷,杀灭了丰伯、敷古,返归后被赏以百朋。铭文中的"敷古"即蒲姑。《保卣》铭载:"乙卯,王令保及殷东国五侯,诞兄(荒)六品。"[5] 郭沫若

---

[1]《左传·昭公九年》,见阮元校刻《十三经注疏·春秋左传正义》卷四十五,北京:中华书局,1980年,第2056页。

[2] 郦道元著,陈桥驿校正:《水经注校正》,北京:中华书局,2007年,第213页。

[3]《汉书·地理志》琅邪郡"姑幕,都尉治,或曰薄姑"。此地据《清一统志》谓"在诸城县西南五十里"。这里距博兴的蒲姑之地有五六百里之遥,商周之际的蒲姑辖地不会扩展至此。此地或为周公东征后蒲姑所迁居者。

[4] 马承源主编:《商周青铜器铭文选》第三册,北京:文物出版社,1988年,第17页。

[5] 马承源主编:《商周青铜器铭文选》第三册,北京:文物出版社,1988年,第22页。

五、试论西周分封制的若干问题

认为"五侯"指徐、奄、熊、盈、蒲姑等五国诸侯,"及"同逮,即逮捕之意。[1]周公东征前后三年,"凡所征熊、盈族十有七国"[2],"驱飞廉于海隅而戮之,灭国者五十"[3]。可以说,直到周公东征以后,周人势力才扩展到了东部地区。在临淄、营丘一带,齐国和蒲姑只能有先后的关系,不可能同时并存。古人对此有所认识,《左传》昭公二十年载晏子语谓齐国这块地方,"爽鸠氏始居此地,季荝因之,有逢伯陵因之,蒲姑氏因之,而后,太公因之"[4],显然太公建立齐国是蒲姑南迁以后的事情。我们说齐国始封于周公东征以后,还有这样一项旁证。《左传》僖公四年载管仲语谓:"昔召康公命我先君大公曰:五侯九伯,女实征之,以夹辅周室!赐我先君履,东至于海,西至于河,南至于穆陵,

---

[1] 郭沫若:《文史论集》,北京:人民出版社,1961年,第320—322页。
[2] 《逸周书·作雒》,见黄怀信、张懋镕、田旭东:《逸周书汇校集注(修订本)》,上海:上海古籍出版社,2007年,第518页。
[3] 《孟子·滕文公下》,见阮元校刻《十三经注疏·孟子注疏》卷六,北京:中华书局,1980年,第2714页。
[4] 《左传·昭公二十年》,见阮元校刻《十三经注疏·春秋左传正义》卷四十九,北京:中华书局,1980年,第2094页。

北至于无棣。"[1]《史记·齐世家》列召康公命太公之事在管蔡之乱以后，这是正确的，因为此前不可能让齐国势力"东至于海，西至于河"。对照《左传》定公四年所载分封鲁、卫等国的命辞，可知管仲之语实为分封齐国时的部分命辞。召康公即召公奭，《史记·燕世家》谓"其在成王时，召公为三公"。他发布对太公望的命辞应在其为三公的成王之时。总而言之，齐国的分封必在周公东征以后，而不可能在武王时期。

再说鲁国

《史记·周本纪》谓武王"封弟周公旦于曲阜，曰鲁。"曲阜古为奄国地。《说文》："郼，周公所诛郼国，在鲁。"[2] 郼即今奄字。《逸周书·作雒》："周公立，相天子，三叔及殷、东、徐、奄及熊、盈以畔。"[3] 奄和蒲姑一样是三监之乱的积极参加者，所以《尚书大传》有周公"三年践奄"之说。奄，旧为商都，故又称商奄。

---

[1] 《左传·僖公四年》，见阮元校刻《十三经注疏·春秋左传正义》卷十二，北京：中华书局，1980年，第1792页。

[2] 许慎：《说文解字》，北京：中华书局，1963年，第135页。

[3] 《逸周书·作雒》，见黄怀信、张懋镕、田旭东：《逸周书汇校集注（修订本）》，上海：上海古籍出版社，2007年，第514页。"畔"或作"略"。

奄和盖古训相同，故亦称商盖。[1]《禽簋》铭谓"王伐盖侯"[2],《冈劫尊》铭谓"王征盖"[3],皆周公伐奄之证。《尚书大传》载："武王杀纣，继公子禄父，及管蔡流言，奄君薄姑谓禄父曰：'武王已死，成王幼，周公见疑矣，此百世之时也！请举事。'然后禄父及三监叛。"[4]按照这个记载，奄君实为三监之乱的主谋。文献中多有周公"践奄"的说法，《尚书大传》说"践之者，籍之也。籍之谓杀其身、执其家、潴其宫"，可见周公对奄十分痛恨，原因就在于奄君策动了三监之乱。情况表明，在周公东征以前绝无分封鲁国于奄地的可能。关于鲁

---

[1] 段玉裁注:《说文解字注》，上海：上海古籍出版社，1981年，第297页。邑部："大部曰：奄，覆也。《尔雅》：弇，盖也。故商奄亦呼商盖。《墨子》曰：周公旦非关叔，辞三公，东处於商盖。《韩非子》曰：周公旦将攻商盖，辛公甲曰：不如服众小以劫大。乃攻九夷，而商盖服矣。商盖即商奄也。"

[2] 马承源主编：《商周青铜器铭文选》第三册，北京：文物出版社，1988年，第18页。

[3] 马承源主编：《商周青铜器铭文选》第三册，北京：文物出版社，1988年，第19页。《禽簋》和《冈劫尊》的盖字多释为楚，陈梦家《西周铜器断代》二（《考古学报》第十册）、唐兰《西周铜器新断代中的"康宫"问题》（《考古学报》，1962年第1期）释其为盖。陈、唐两家之说可从。

[4]《诗经·豳风·破斧》，见阮元校刻《十三经注疏·毛诗正义》卷八，北京：中华书局，1980年，第398页。

国的始封,《左传》定公四年明确记载"昔武王克商,成王定之,选建明德,以蕃屏周,故周公相王室以尹天下,于周为睦。分鲁公以大路、大旂……因商奄之民,命以《伯禽》而封於少皞之虚"[1],乃是东征以后的事情。《诗经·閟宫》说"王曰叔父,建尔元子,俾侯于鲁"[2]。此为成王对周公之语,"元子"指伯禽,可证鲁之封必在成王之时。这些证据十分确凿,连太史公也无可奈何,只得在《史记·鲁世家》里说武王"封周公旦于少昊之虚曲阜,是为鲁公。周公不就封,留佐武王"[3],试图弥缝其间,然而仍旧捉襟见肘,无法让人相信。究其原因即在于其说悖于史实。

再说燕国

《史记·燕世家》谓"周武王之灭纣,封召公于北

---

[1]《左传·定公四年》,见阮元校刻《十三经注疏·春秋左传正义》卷五十四,北京:中华书局,1980年,第2134页。

[2]《诗经·鲁颂·閟宫》,见阮元校刻《十三经注疏·毛诗正义》卷二十,北京:中华书局,1980年,第615页。

[3]《史记·鲁周公世家》,见司马迁著《史记》卷三十三,北京:中华书局,1959年,第1515页。

五、试论西周分封制的若干问题

燕"[1]。这个说法验诸其他史载,殊不可信。武王、成王时期召公一直在周王朝任要职,并没有到"北燕"建立封国。《尚书·君奭》篇载三监之乱时周公谆谆劝勉召公之语,其中说道:"予惟曰襄我二人,汝有合哉,言曰:在时二人。天休滋至,惟时二人弗戡。"[2] 可见周公极力争取召公和自己同心同德安定政局。前面我们已经提到齐初封时召康公(即召公奭)曾向姜太公发布命辞,齐初封为东征以后之事,是时召公奭当供职于周王朝。《尚书·顾命》载"乃同召太保奭"[3],可见康王时召公奭仍在朝中任地位很高的"太保"之职。这个史实太史公也并不否认。他在《史记·燕世家》中说"其在成王时,召公为三公,自陕以西,召公主之",这当是以《公羊传》隐公五年"自陕而西者召公主之"[4] 为依据的。然而此说却与"封召公於北燕"之说相牴

---

[1] 《史记·燕召公世家》,见司马迁著《史记》卷三十四,北京:中华书局,1959年,第1549页。

[2] 《尚书·君奭》,见阮元校刻《十三经注疏·尚书正义》卷十六,台北:艺文印书馆,2001年,第225页。

[3] 《尚书·顾命》,见阮元校刻《十三经注疏·尚书正义》卷十八,台北:艺文印书馆,2001年,第275页。

[4] 《公羊传·隐公五年》,见阮元校刻《十三经注疏·春秋公羊传注疏》卷三,北京:中华书局,1980年,第2207页。

牾，太史公没有设法弥缝，应该是很难自圆其说的缘故。再从周初形势看，武王立"三监"，其中武庚居邶。《说文》谓："邶，故商邑，自河内朝歌以北是也。"[1]清光绪年间在冀北涞水县出土北伯诸器，王国维考证谓"北，盖古之邶国"，其地远在殷北，所以"邶即燕"[2]。冀北地区与殷商历史有不解之缘。商人先祖曾在易水流域活动，终被有易氏所杀，事见《山海经》《易经》《天问》等史载，著名的商代三戈也出于易州，《逸周书·作雒》谓三监之乱失败以后，"王子禄父北奔"，凡此可证周代燕国所居原为商势力根深蒂固的地区。周公平定三监之乱以前召公被封于北燕是不大可能的事情。召公长寿，其彝也多，有"大保""公大保""尹大保"之类记载的彝铭并不出自燕国，这也揭示着召公奭并未被封于燕。燕国的燕在彝铭中作匽。论者或以为燕国初封在今河南偃师，周公平叛以后才迁居于今北京一带，此说当近是。近年发掘的偃师商城原为商的亳都，当可称偃亳。召公奭之子立国于今北京一带时将

---

[1] 许慎：《说文解字》，上海：上海古籍出版社，1988年，第133页。
[2] 王国维：《观堂集林》(卷十八《北伯鼎跋》)，北京：中华书局，1959年，第885页。

这个名称带去，所以后来周人谓"燕亳"为其"北土"[1]。成王时器《匽侯旨鼎》载："匽侯旨初见事于宗周，王赏旨贝二十朋。"[2]这位"匽侯旨"是召公奭之子，为第一代燕侯。总之，燕国之封当和齐鲁一样，也是周公东征以后的事情。

再说"三监"

周武王立"三监"之事常被误解为周初实施分封制的举动，《史记·管蔡世家》即谓"武王已克殷纣，平天下，封功臣昆弟，于是封叔鲜於管，封叔度於蔡，二人相纣子武庚禄父"[3]。其实立"三监"与实施分封制不应混为一谈。"三监"之义，较早文献记载皆谓指管叔、蔡叔、武庚分治殷民，后来才出现了管、蔡、霍

---

[1]《左传·昭公九年》。又齐器《陈璋壶》铭文叙述齐伐燕之事，其中有"陈璋内（入）伐匽亳邦之获"，可与文献中"燕亳"的记载相互印证。

[2] 马承源主编：《商周青铜器铭文选》第三册，北京：文物出版社，1988年，第28页。

[3]《史记·管蔡世家》，见司马迁著《史记》卷三十五，北京：中华书局，1959年，第1564页。

三叔监视武庚之说，比较而言，前说是可信的。[1]古文字"监"作人俯身向盛水的鉴盂之形，盖谓从水中视己之像貌，故较早的文献里"监"多用为视义。监，初指莅临、观察，以后才引申为监察、监督。关于周代诸监和诸侯的区别，徐中舒在研究《仲几父簋》时曾以卫康叔为例进行说明，"卫即诸监之一"，"康叔出为方伯，入为王官，地位虽极尊崇，但他还是要受王室节制，实际上反不如诸侯能自擅一国"[2]。可见周初的"监"实际上是为王室镇抚民众的官，与独擅一国的"侯"是有区别的。《仲几父簋》谓"史（事）于者（诸）侯、者（诸）监"[3]，这是彝铭关于两者区别的确证。管叔、蔡叔、武庚从不被称之为公、侯、伯等，而只是"三监"，这说明他们并不是周王朝的诸侯。他们只是受命为周王朝镇抚殷王畿地区，并非在那里封邦建国。"三监"之立和实施分封制并没有直接关联。

---

[1] 王引之曾经详论"三监"所指，断定将霍叔列入"三监"是错误的。其说详见《经义述闻》卷三。

[2] 徐中舒：《禹鼎的年代及其相关问题》，见《考古学报》，1959年第3期。

[3] 中国社会科学院考古研究所编：《殷周金文集成》，北京：中华书局，2007年，第3954片。下引此书，只注《集成》片号。

五、试论西周分封制的若干问题

综上所述，可以肯定那种把分封制的实施定在武王时期的说法是不合乎历史实际的。作为周王朝立国之本的分封制在周公东征以后才开始实施。周代各诸侯国的具体分封情况虽然不尽相同，但举行授民授疆土和赏赐器物的仪式则是都要进行的。武王可能让其子弟在一些要地驻守，周公成王时则复加册命赏赐。这些诸侯的分封自应从正式册命算起。分封制的实施在周公、成王、康王时期最为集中，进入西周中期以后分封制所造成的政治格局已经形成，但个别诸侯国的分封却迤逦延至西周后期。

（二）周代分封制的历史意义

从我国古代政治结构发展和演变进程看，分封制的意义在于它是联结方国联盟制和君主郡县制的关键。

商代是实行联盟制的典型时期，以商王朝为核心的方国联盟对于商代政治有举足轻重的影响。商王朝末期虽然王权有很大发展，但方国联盟这一基本政治格局并未改变。诸方国、部落虽然对商王朝有一定贡纳和联系,然而基本上是独立的,它们对于商王朝并没有太多的依附。这些方国部落的向背对商王朝兴衰有极大影响。所谓周文王时"三分天下有其二"[1],并非天下的三分之二都成了周的疆土,而是指多数诸侯国投向周的阵营。殷周兴亡,这是最主要的原因。武王时期,兴灭继绝,试图走殷商老路,靠方国、部落的拥戴以实现周王朝的巩固。然而,武王死后,"三监"和东方诸国即发生大规模的叛乱。这个事实表明传统的联盟制已经不能适应周初的形势发展,"小邦周"要真正战胜"大邦殷",就必须在政治结构上有所发展。具有卓越政治才能的周公审时度势,不再循规蹈矩,而是开创了分封诸侯的新局面。

春秋时期周大夫富辰说:"昔周公吊二叔之不咸,故封建亲戚以蕃屏周。"[2]"二叔"指管、蔡,正在所谓的"亲戚"之列。富辰的话表明武王并没有封建"二叔",所以才有管蔡之乱,周公因此才总结教训而"封

---

[1] 《论语·泰伯》,见阮元校刻《十三经注疏·论语注疏》卷八,北京:中华书局,1980年,第2487页。
[2] 《左传·僖公二十四年》,见阮元校刻《十三经注疏·春秋左传正义》卷十五,北京:中华书局,1980年,第1817页。

五、试论西周分封制的若干问题

建亲戚"。关于周代分封诸侯的数目,《吕氏春秋·观世》谓"周之所封四百余,服国八百余"[1],《荀子·儒效》谓周公"兼制天下,立七十一国,姬姓独居五十三人"[2],《左传》昭公二十八年谓"兄弟之国者十有五人,姬姓之国者四十人,皆举亲也"[3]。姬姓的王室子弟是分封的重点。这些诸侯国的名称多见于《左传》僖公二十四年,分别称之为"文之昭""武之穆"和"周公之胤"[4]。这些封国的地望集中于今关中平原和黄河中、下游一带,这是当时经济最发达的地区,也是周王朝统治的核心地区。除了"封建亲戚"以外,分封制的原则还有"选建明德"一项。《左传》定公四年载卫国太祝子鱼语谓"昔武王克商,成王定之,选建明

---

[1] 许维遹:《吕氏春秋集释》,"新编诸子集成",北京:中华书局,2009年,第400页。
[2] 王先谦:《荀子集解》,"新编诸子集成",北京:中华书局,1988年,第114页。
[3] 《左传·昭公二十八年》,见阮元校刻《十三经注疏·春秋左传正义》卷五十二,北京:中华书局,1980年,第2119页。
[4] 《左传·僖公二十四年》,见阮元校刻《十三经注疏·春秋左传正义》卷十五,北京:中华书局,1980年,第1817页。

德,以蕃屏周"[1]。"选建明德"大概有两层意思。一是选拔姬姓王室弟子中的"明德"之人,将其分封为诸侯。相传周公、康叔、唐叔,受封最多,"三者皆叔也,而有令德,故昭之以分物",有些人虽为王室子弟,但没有"令德",所以也就未被分封,"五叔无官"[2]的情况就是证明。二是指对于异姓诸侯国的分封,如姜姓的齐、厉、吕、申、向、许、莱;妫姓的陈;嬴姓的江、黄、纪、莒、葛、梁;偃姓的蓼、六、贰、轸、舒;姒姓的鄫;子姓的宋;风姓的任、宿、须句;曹姓的邾、邹;曼姓的邓;祁姓的杜等,判断它们是否有"明德"的标准就是拥戴周王朝与否。

关于封建诸侯具体情况的记载,见诸彝铭者有《宜侯夨簋》[3],见诸文献者则以《左传》定公四年所记最详。周王朝封赐给诸侯者以民众和土地最为重要。作为分封信物的是命圭。《周礼·玉人》"命圭九寸",郑注:

---

[1] 《左传·定公四年》,见阮元校刻《十三经注疏·春秋左传正义》卷五十四,北京:中华书局,1980年,第2134页。
[2] 《左传·定公四年》,见阮元校刻《十三经注疏·春秋左传正义》卷五十四,北京:中华书局,1980年,第2135页。
[3] 马承源主编:《商周青铜器铭文选》第三册,北京:文物出版社,1988年,第34页。

"命圭者,王所命之圭也。朝觐执焉,居则守之。"[1]《国语·吴语》,"命圭有命,固曰吴伯"。[2] 可见吴国初封时曾受有命圭。《史记·晋世家》"削桐叶为珪以与叔虞"[3]。珪即命圭,文献中或称之为"介圭"(即大圭)。康王继位的仪式上,"太保承介圭"[4],是为周王分封诸侯权力的一种象征。宣王分封申伯,"锡尔介圭,以作尔宝"[5],韩侯朝觐之时"以其介圭"[6]而行礼。如果说授民授疆土是周王朝在经济上对诸侯的主要赐予,那么,授予命圭则是从政治上对诸侯的任命,其作用和后世的符玺相似。

通过"封建"所形成的诸侯国具有两个方面的特征。首先,大部分诸侯国,特别是姬姓诸国,是经过

---

[1] 《周礼·考工记·玉人》,见阮元校刻《十三经注疏·周礼注疏》卷四十一,北京:中华书局,1980年,第922页。
[2] 左丘明:《国语》,上海:上海古籍出版社,1978年,第613页。
[3] 《史记·晋世家》,见司马迁著《史记》卷三十九,北京:中华书局,1959年,第1635页。
[4] 《尚书·顾命》,见阮元校刻《十三经注疏·尚书正义》卷十六,北京:中华书局,1980年,第240页。
[5] 《诗经·崧高》,见阮元校刻《十三经注疏·毛诗正义》卷十八,北京:中华书局,1980年,第567页。
[6] 《诗经·韩奕》,见阮元校刻《十三经注疏·毛诗正义》卷十八,北京:中华书局,1980年,第570页。

周王朝册封所建立的新的国家。它们和夏商以来的方国部落不同,其建立和巩固都与周王朝息息相关,并且和周王朝有主从关系,正所谓"天子之尊,非复诸侯之长而为诸侯之君"[1]。这跟方国联盟时代诸方国与夏商王朝之间的平等联合状态是不可同日而语的。其次,这些诸侯国对于周王朝来说具有相当的独立性质,这和后世专制主义中央集权国家靠郡县制所实现的中央与地方的密切关系,也是不可同日而语的。分封制是政治体制方面的一项创举,它的实施是继联盟制以后加强中央与地方关系过程中不可或缺的重要一环。

分封诸侯并非王朝单方面的无偿奉送,而是有其深刻用意。赏赐和受封是主从关系的体现。春秋时期,周景王说王室对于诸侯,"有勋而不废,有绩而载,奉之以土田,抚之以彝器,旌之以车服,明之以文章,子孙不忘,所谓福也"[2],如果忘记了,那就是数典忘祖而被视为非礼。周天子到诸侯国视察,称为巡狩,"入

---

[1] 王国维:《观堂集林》(卷十《殷周制度论》),北京:中华书局,1959年,第467页。

[2] 《左传·昭公十五年》,见阮元校刻《十三经注疏·春秋左传正义》卷四十七,北京:中华书局,1980年,第2078页。

其疆，土地辟，田野治，养老尊贤，俊杰在位，则有庆，庆以地。入其疆，土地荒芜，遗老失贤，掊克在位，则有让"[1]。周天子可以召见天下诸侯，所谓"成有岐阳之蒐，康有酆宫之朝，穆有涂山之会"[2]，皆为其事。周天子征取贡赋，即春秋时子产所谓"昔天子班贡，轻重以列，列尊贡重，周之制也"[3]。诸侯对周天子有各种义务。他们朝见天子称为"述职"[4]，一般是春秋两次"受职于王"[5]。《左传》僖公十二年载管仲语"若节春秋来承王命"[6]，《国语·吴语》记晋侯述周天子语"昔吴伯父不失，春秋必率诸侯以顾在余一人"，《吴语》又谓"春秋贡献，不解於王府"[7]，凡此皆谓春秋为朝觐

---

[1] 《孟子·告子下》，见阮元校刻《十三经注疏·孟子注疏》卷十二下，北京：中华书局，1980年，第2759页。

[2] 《左传·昭公四年》，见阮元校刻《十三经注疏·春秋左传正义》卷四十二，北京：中华书局，1980年，第2035页。

[3] 《左传·昭公十三年》，见阮元校刻《十三经注疏·春秋左传正义》卷四十六，北京：中华书局，1980年，第2072页。

[4] 《孟子·告子下》，见阮元校刻《十三经注疏·孟子注疏》卷十二下，北京：中华书局，1980年，第2759页。

[5] 左丘明：《国语·周语上》，上海：上海古籍出版社，1978年，第27页。

[6] 《左传·僖公十二年》，见阮元校刻《十三经注疏·春秋左传正义》卷十三，北京：中华书局，1980年，第1802页。

[7] 左丘明：《国语·吴语》，上海：上海古籍出版社，1978年，第594页。

天子之时。这种朝觐,或谓诸侯"五年之间四聘于王"[1],也有说是比年一小聘、三年一大聘的,大概在不同时期朝见的次数和时间有所变化。按照《国语·鲁语》的说法,诸侯国的军队要听命于周天子,即"元侯作师,卿帅之,以承天子",形成"上能征下,下无奸"的局面。[2] 诸侯讨伐戎狄,要向周天子献俘,"凡诸侯有四夷之功,则献于王,王以警于夷"[3]。

周天子和诸侯间的主从关系已经超出了夏商时代那样联盟的范畴。王国维在《殷周制度论》中谈到"自殷以前,天子诸侯君臣之分未定"的情况,并进而指出,"周初亦然,於《牧誓》、《大诰》皆称诸侯曰友邦君,是君臣之分亦未全定也。逮克殷践奄,灭国数十,而新建之国皆其功臣、昆弟、甥舅,本周之臣子,而鲁、卫、晋、齐四国,又以王室至亲为东方大藩,夏殷以来古国方之蔑矣。由是天子之尊,非复诸侯之长,而

---

[1] 左丘明:《国语·鲁语》注引贾侍中语,上海:上海古籍出版社,1978年,第153页。

[2] 左丘明:《国语·鲁语》,上海:上海古籍出版社,1978年,第188页。

[3] 《左传·庄公三十一年》,见阮元校刻《十三经注疏·春秋左传正义》卷十,北京:中华书局,1980年,第1783页。

为诸侯之君"[1]。他敏锐地注意到了在分封制度下"天子之尊"的飞跃发展，是很正确的。在政治制度发展史上，分封制具有划时代的意义。

西周初年，诸侯国的范围是比较小的，孟子讲"周室班爵禄"的情况时就曾说，"公侯皆方百里，伯七十里，子男五十里"[2]。然而，后来许多诸侯国却迅速发展起来。这固然是诸国各自努力的结果，但也与分封诸侯时周王朝采取了正确的政策有关。《左传》定公四年叙述分封鲁、卫两国的情况时说，"皆启以商政，疆以周索"。分封唐叔时则谓"启以夏政，疆以戎索"。《周书·康诰》载周公对卫康叔的告诫之辞，其中说："绍闻衣德言，往敷求于殷先哲王，用保乂民。""汝惟小子，乃服惟弘王，应保殷民。"[3] 这些记载表明周王朝让各诸侯国根据实际情况，因地制宜地发展，既要贯彻维护周王朝统治这一总的原则，又可以采取变通措施。

---

[1] 王国维：《观堂集林》（卷十《殷周制度论》），北京：中华书局，1959年，第467页。

[2] 《孟子·万章卜》，见阮元校刻《十三经注疏·孟子注疏》卷十上，北京：中华书局，1980年，第2741页。

[3] 《尚书·康诰》，见阮元校刻《十三经注疏·尚书正义》卷十四，北京：中华书局，1980年，第203页。

分封制度形成了开放型的周代社会结构,它在各方面所注重的是"分",而不是"合"。周王朝将尽量多的子弟、亲戚以及功臣分封出去建立诸侯国,这具有深远的影响,它表明周王朝比夏、商王朝具有更强大的实力。夏商时期的都邑很少,到了周代则数量巨增,呈现出星罗棋布的状态,各地的经济文化联系也得到了前所未有的加强。分封制在一定程度上打破了古代方国部落的闭塞状态,大大推动古代文明发展的进程,其意义不可低估。

六、论周代卿权

"卿"的称谓源于周初。卿权在西周至春秋战国时期的发展和演变,反映着周王朝和诸侯(主要为中原列国)社会政治组织与经济结构的重要变化。本文较系统地论述了这一发展演变过程,并指出:周代的卿起源于殷周之际周王左右的谋臣集团,最初只是某些贵族重臣的身份标识,无固定人数,也不是官职之称。西周中期以后,随着贵族经济实力和政治影响的增长,卿权趋于加强,成为王权的重要支柱,卿的性质亦趋于职官化和等级化;然终西周之世,卿权始终是王权的附庸。至春秋时期,卿权开始影响和干预君权,到春秋后期,卿权世袭成为惯例,遂成世卿擅权局面,最终完成了由卿权向新的君权蜕变的过程。战国中后期,新的君权已然巩固确立,卿则降为君主专制制度下的官僚，与周代之卿有了本质的区别。

卿权的发展和衍变是周代社会政治运转的一大契机。对于周代卿权，专家尚少系统论述，其特殊性质也多被忽略。本文拟作初步探讨，希冀能够鸟瞰周代卿权的全貌及其变化情况。

（一）卿的出现和卿事寮的性质

卿是在商周之际随着王权的发展而出现的。文献记载周人最早的卿是太王时的司空、司徒。《诗经·绵》载太王迁岐时，"乃召司空，乃召司徒，俾立室家"，郑笺："司空、司徒，卿官也。"[1] 然此二卿之名却阙如。有名可考者是文王时期的虢仲、虢叔。《左传》僖公五年载："虢仲、虢叔，王季之穆也，为文王卿士，勋在王室，藏于盟府。"[2] 贵族要成为卿，须由王策命，策

---

[1] 《诗经·绵》，见阮元校刻《十三经注疏·毛诗正义》卷三上，台北：艺文印书馆，2001年，第548页。
[2] 《左传·僖公五年》，见阮元校刻《十三经注疏·春秋左传正义》卷十二，台北：艺文印书馆，2001年，第207—208页。

六、论周代卿权

命的简册在盟府保存。[1]古人有三卿、六卿、八卿、九卿之说,可见卿的范围相当广泛。《左传》定公四年谓"周公为大宰,康叔为司寇、聃季为司空",周公等为周初之卿。武王的"乱臣十人",《论语》马融注和《尚书》伪孔传均谓指周公旦、太公望、毕公、荣公、太颠、闳夭、散宜生、南宫适、文母。据《逸周书·克殷》记载,这些人大都参加了伐纣之事,见诸"革殷受天明命"的典礼,当即牧野之战前武王誓辞提到的"御事"之臣。据《尚书·牧誓》载,"御事"之臣最主要的是司徒、司马、司空这些由卿士担任的主要职官。"乱臣十人",除文母外均当为卿。己姓的苏国首领苏忿生是武王时的司寇,《尚书·立政》称其为"司寇苏公",可见他是武王至成王时期的卿。蔡叔之子蔡仲"改行帅德,周公举之,以为己卿士",可见蔡仲是周公时的卿。成王临终时的顾命大臣太保奭、芮伯、彤伯、毕公、卫侯、毛公,历代学问家多认为是周之六卿。

---

[1] 这种策命手续至春秋时犹存,如郑"使大史命伯石为卿,辞,大史退,则请命焉,复命之,又辞,如是三,乃受策入拜"(《左传》襄公三十年)。《大盂鼎》"文王令(命)二三正",当是关于文王册命卿士的最早的彝铭记载。

参加康王继位大典的吕伋、南宫毛也是卿士[1]。穆王时的卿士祭公谋父[2],是随昭王南征的祭公[3]之子,当属父子世为卿士。据文献记载,吕侯和君牙也是穆王时的卿士[4]。

文王、武王时期周的王权迅速发展,为了集聚力量灭商,文王和武王曾广泛网罗人才。相传文王不仅"孝友二虢,而惠慈二蔡,刑于太姒,比于诸弟",而且"用四方之贤良,及其即位也,询于八虞,而咨于二虢,度于闳夭,而谋于南宫,诹于蔡、原,而访于辛、尹,重之以周、邵、毕、荣"[5]。我们前面提到的许多卿士都见诸这个名单。所谓"八虞"即《论语·微子》提到的周之"八士"。据考证这"八士"出自南宫氏[6],

---

[1] 孙星衍:《尚书今古文注疏》卷二五,北京:中华书局,2004年,第482页。
[2] 韦昭注:《国语·周语》上,上海:上海古籍出版社,2008年,第2页。
[3] 《吕氏春秋·音初》载,昭王"及蔡公抙于汉中",《左传》僖公四年引作"祭公"。
[4] 见《汉书·古今人表》颜注。《尚书》序谓君牙为穆王所命之大司徒。《尚书·吕刑》孔疏谓"吕侯得穆王之命为天子司寇之卿"。
[5] 《国语·晋语》,见徐元诰撰、王树民、沈长云点校《国语集解》(修订本),北京:中华书局,2006年,第361—362页。
[6] 《逸周书·克殷》有南宫忽、南宫伯达,与"八士"之仲忽、伯达之名相合,因此,明代杨慎认为"八士者,南宫氏也"(《丹铅总录》

六、论周代卿权

亦即《逸周书·武寤》所载辅佐武王的"尹氏八士"。《逸周书·武痘》谓牧野之战前"尹氏八士、太师三公咸作绩",此"尹"盖即《尚书·顾命》之"百尹"、《立政》之"尹伯",指诸官之长,其地位非卿士不足以当之。这些贤才的主要作用是出谋划策并协助周王处理军政大事。武王伐纣时,双方力量悬殊,然而武王却信心十足,说:"纣有亿兆夷人,亦有离德;予有乱臣十人,同心同德。"[1] 可见其对周围谋臣的重视。要而言之,可以说卿起源于文王、武王周围的谋臣集团。

一些高级别的谋臣被称为卿,这可能跟周的飨礼有关。古文字卿像两人相向就食之形。在金文中,公卿之卿、方向之向(乡)、飨礼之飨,皆为一字。就本义而言,飨当为本义,飨食之时人皆向食,故而引申为向(乡),参与飨礼者便称为卿。古籍中卿与乡相通[2],应当是渊源有自的。飨礼有不同的层次和规格,

---

卷一〇)。

[1] 《左传·昭公二十四年》引《大誓》。钱大昕《十驾斋养新录》卷一谓"唐石经皆无臣字,宋人妄作卧"。按,《论语》有臣字,或者为唐石经所偶失之。

[2] 宋王应麟所见《仪礼·乡饮酒礼》疏"乡大夫饮酒"作"卿大夫饮酒"(《困学纪闻》卷五)。《仪礼·士冠礼》《礼记·冠义》"奠挚见于君,

《诗经·七月》"朋酒斯飨",谓乡人共聚;《诗经·彤弓》"一朝飨之",谓大宴宾客;《左传》僖公十二年"王以上卿之礼飨管仲",谓赐宴犒劳。无论何种飨礼,似皆有尊贤敬劳之义。这在礼书中尚可窥见。郑玄《三礼目录》谓乡饮酒礼"献贤者能者于其君,以礼宾之"[1],又谓《礼记·乡饮酒义》乃"尊贤养老之义"[2]。可以推想,文王、武王曾设飨礼优待其所延揽的贤才,并在飨礼前后举行策命仪式,任命其为卿。[3]

卿在西周前期的彝铭中见于《令彝》《令尊》[4],两

遂以挚见于乡大夫",或本作"卿大夫"。清代王引之《经义述闻》卷一〇和胡培翚《仪礼正义》卷一曾力辩乡为卿之误。其实,致误之源在于两者初为一字。

[1] 《仪礼·乡饮酒礼》,见阮元校刻《十三经注疏·仪礼注疏》卷八,台北:艺文印书馆,2001年,第80页。

[2] 《礼记·乡饮酒义》疏引,见阮元校刻《十三经注疏·礼记注疏》卷六十一,台北:艺文印书馆,2001年,第1003页。

[3] 《周礼》有六乡之说,谓"每乡卿一人"(《地官·序官》)。能否据此而断定卿是氏族聚落中"乡老"的称谓呢?答案应当是否定的。一般认为《周礼》是战国时人对于理想国的设计,用其材料来直接推断卿的起源,是很牵强的。

[4] 除彝、尊外,还见于一簋,簋铭"乙未,卿事易小子某贝二百,用作父丁隣簋"。过去以为这件簋是商器,恐未必然。簋铭后有宋人称为"析子孙"的族徽,该族徽不仅见诸商器,而且见诸周初器。小臣某当是商人入周后被"迪简在王庭""有服在大僚"(《尚书·多方》语)者。该簋当为周初器。

六、论周代卿权

器铭文相同,惟行款各异。铭谓"王令周公子明保尹三事四方,受卿事寮",周公又令明保"同卿事寮",明保到成周之后曾发布命令给"卿事寮""者(诸)尹""里君""百工""者(诸)侯"等。两器时代或谓属于昭王,但一般认为是成王时器。"明保"其人,有伯禽、祭公、君陈等异说,以伯禽说较胜。[1] 十分引人注目的是铭文三次出现"卿事寮"。"卿事寮"的事字和另一件小子某人所作簋铭"卿事"的事字,均作旋,与金文习见的事字有别,并且在同一彝铭中与"尹三事四方"的事亦有别。郭沫若以《毛公鼎》《番生簋》相对勘,指出"旋与事为一字"[2],说虽至确,然两者有

---

[1] 郭沫若所著《殷周青铜器铭文研究》卷一以《鲁侯彝》为据指出"明公"即鲁侯,又谓《洛诰》之"王若曰:公,明保,予冲子"犹《康诰》之"王若曰:孟侯,朕其弟,小子封",遂论定明保即伯禽。谭戒甫补充郭说,谓"保、俘古本同字",禽、擒与俘义近,"伯禽名保,即名俘,正是名字相应"(《周初矢器铭文综合研究》,见《武汉大学学报》,1956年第1期)。然郭、谭两家均谓"明"为封地食邑之名,似未妥。按,明与孟古音同而通。《周礼·职方》注"明都",疏谓"即宋之孟诸"。《尚书·禹贡》"孟猪",或本作"明都"。《大戴礼记·诰志》"明,孟也",《史记·历书》"明者,孟也",皆为其证。孟训长,与"伯"义相涵。明,犹孟,即伯也。伯禽字明保,合乎"名之与字,义相比附"(王引之语,见《经义述闻》卷二三)之例。

[2] 郭沫若:《殷周青铜器铭文研究》卷一,北京:科学出版社,1961年,第47页。

别的原因却仍未能明。我怀疑金文"卿事"之事为"士"之繁文或初文。关于士字起源,诸家多异说,如谓人端拱而坐之形、斧形、筮之初文、像苗插入地中之形、牡器形等。今按,旄与事的区别在于前者多一指示符号,过去以为是旒带之形,恐未必然,实际上是表示这个字与一般事字有别,是事字之称人者。见于《臣辰卣》的士字较早之形与事字上部相似,其后渐以局部代替全字,造出士字。这个推测若无大谬,则"卿事寮"便可径作"卿士寮"。《说文》训士为事,《诗经·假乐》传"卿士,卿之有事也",士源于事对于这些古训是一有力的证据。

卿之执事者称为卿士,反过来也可以说卿士是卿之有官职者。《左传》定公八年谓武王诸弟除周公、康叔、聃季外,"五叔无官",《史记·管蔡世家》谓五叔"无为天子吏者"。杜注谓五叔指管叔、蔡叔、成叔、霍叔、毛叔。其中的毛叔即《尚书·顾命》的毛公,其为卿,确无可疑,其他四叔亦当为卿。五叔皆因"无官"而非卿士。需要注意的是,在周初,尽管卿士是卿之有官职者,然而卿士本身并非职官名称,它仍是特定的贵族身份标识。

六、论周代卿权

再说"寮"字。

寮通僚。《诗经·大东》"百僚是试",《释文》谓"字又作寮"。《论语·宪问》"公伯寮",《史记·仲尼弟子传》引谯周语作"公伯僚"。皆为证。僚义为官,《尚书·皋陶谟》"百僚师师,百工惟时",伪孔传"僚、工皆官也"。寮亦径释为官。《诗经·板》:"我虽异事,及尔同寮。"毛传:"寮,官也。"郑笺:"我虽与尔职事异者,乃与汝同官俱为卿士。"《左传》文公七年载荀林父语谓"同官为寮"。《牧簋》"百寮"亦即百官。是皆为证。古人并不以寮指官署。宋人有僧寮、茶寮、茅寮之称,皆指小屋,与官署大相径庭。论者或偶失详察,以为卿士当有官署,卿事寮即卿士的官署,这种推断似是而实误。

关于《令彝》的较早考释,多以"卿事寮"为卿事之同僚、僚友,并不释为官署。孙诒让谓"卿事寮、大史寮,犹《酒诰》云:大史友、内史友"[1];罗振玉谓

---

[1] 孙诒让:《籀斋述林》卷七《毛公鼎释文》,见《续修四库全书》第1164册,上海:上海古籍出版社,2002年,第240页。

"卿事寮盖为三事及亚旅诸臣"[1];郭沫若说"以其称寮而言,可知卿事必不止二人"[2];唐兰也认为"寮者非一人"[3]。现在看来,这些说法仍不可废。彝铭"同卿事寮"即会见诸卿事。彝铭将卿事寮和诸尹、里君、百工、诸侯等并列,尤可证其非官署。然而为什么不仿诸尹、诸侯之例,径称诸卿或诸卿事,而要称为卿事寮呢?这可能是由于卿事与尹、侯等职官尚有区别的缘故。"卿事寮"除指诸卿事外,亦指担任卿事的资历、资格。这和周初注重考察人的资历的礼俗是合拍的。彝铭"受卿事寮"并不是接受命令来主管卿事寮这一所谓的官署,而是被授予担任卿事的资格。论者或许会问,既然明保受王命而"尹三事四方",难道还不足以是卿事寮的主管吗?其实,周初诸官职守不明,甚至文、武亦未分职,"尹三事四方"是所有卿事皆有的权力,并非由一人独裁。近年,以"卿事寮"为西局中央最高官署之说甚盛,然而就现有资料看,尚不能得出这样

---

[1] 罗振玉:《辽居杂著·矢彝考释》,见《罗雪堂先生全集初编四》,大通书局,1986年,第1557页。
[2] 郭沫若:《殷周青铜器铭文研究》卷一,北京:科学出版社,1961年,第47—48页。
[3] 唐兰:《作册令尊及作册令彝铭考释》,见《国学季刊》,第4卷第1号。

六、论周代卿权

的判断。

西周前期的卿主要有这样几个特点。其一，卿最初只是周王左右的部分谋臣贵族的身份标识。它与"公"并无多少区别，有些贵族既是公，又是卿，成康之际作为六卿的六位顾命大臣就有三人是公。《逸周书·明堂》："天子之位，负斧扆南面立，群公卿士侍于左右。"[1]卿士与群公混而无别，是为其证。其二，卿从一开始就没有固定人数，可依形势需要及周王好恶而随时增减。其三，卿并非官位，它没有固定的职守。卿士只不过是卿之执事者，也不是官职之称。作为特定的身份标识，卿可以说是后世爵称的滥觞。其四，文王、武王时期选卿的范围比较大，成康以后这范围逐渐缩小，主要由王室中人及其近亲担任。春秋时期楚灵王曾谓"吕伋、王孙牟、燮父、禽父并事康王"，受赐重器，而楚君熊绎亦事康王，却得不到封赏，楚灵王很为此愤愤不平。右尹子革道出了个中原委，"齐，王舅也；晋及鲁、卫，王母弟也"，熊绎与周王室的关系是不能与之相比的。吕伋等四人是以诸侯身份入王

---

[1] "群公卿士"之群，原作"率"，依王念孙《读书杂志》说改。《玉海》九十五引此正作"群公卿士"。

朝为卿者,[1] 熊绎并非王卿。卿的这些特点从根本上说是由分封与宗法这两项重要制度所决定的。周王室要加强它与诸侯国的联系,要巩固王族内部团结,这些都需要给一批贵族以特殊荣宠,卿作为一种身份标识遂应运而生。《令彝》铭文表明西周前期已经有一批卿事(士)活跃于政治舞台之上。[2]

---

[1] 吕伋为姜太公子丁公。《礼记·檀弓》上谓"太公封于营丘,比及五世,皆反葬于周"。郑注:"太公受封留为太师,死葬于周,五世之后乃葬齐。"由此而论,吕伋似亦任职于王室,其姊妹邑姜为成王之母,故吕伋为"王舅"。燮父为晋唐叔子。王孙牟为卫康叔子康伯髦,专家多说他是彝铭之伯懋父,曾率殷八师征东夷,其地位非王卿不足以当之。禽父即伯禽,从《令彝》可知他从成王时起就任王朝卿士。

[2] 由于社会政治结构的差别,商王朝似无周代那样的卿士。论者所指卜辞之"卿",其实皆应读为飨,是祭礼名称,如"贞飨事于寮北宗不大雨"(《合集》38231)"辛未卜,在召庭谁执其令飨事"(《合集》37468)皆当如是,特别是"飨事于寮北宗"一条更为明显,并不能读其"卿事"。现有的卜辞资料还找不出"卿事"的记载。《诗经·荡》载文王斥殷商语谓"尔德不明,以无陪无卿",这与卜辞无卿的情况合拍。《尚书》《诗经》《墨子》等文献记载虽多次提到商代之卿,但均为述古之作,尚非直接证据。清儒或据《尚书·甘誓》,谓"六卿之目实创之自禹"(王廷鼎:《尚书职官考略》),也是靠不住的。

六、论周代卿权

(二)卿权的发展及其与王权的关系

西周中后期,随着贵族经济实力和政治影响的增长,卿权趋于加强,成为王权的重要支柱。恭懿孝夷时期社会政治平稳发展,这个时期的诗作涌现不少颂扬卿士的篇章,跟西周前期热烈颂扬周王的情况相比是大异其趣的。《诗经·假乐》云:

> 假乐君子,显显令德,宜民宜人,受禄于天,保右命之,自天申之。千禄百福,子孙千亿。穆穆皇皇,宜君宜王,不愆不忘,率由旧章。威仪抑抑,德音秩秩,无怨无恶,率由群匹,受福无疆,四方之纲。之纲之纪,燕及朋友,百辟卿士,媚于天子,不解于位,民之攸墍。[1]

过去以为这是在颂扬成王,或谓武王若宣王,其实是在颂扬卿士。诗中的"君子"位于民人与君王之

---

[1] 《诗经·假乐》,见阮元校刻《十三经注疏·毛诗正义》卷十七,台北:艺文印书馆,2001年,第615—616页。

间，并且是以"干禄"而威仪堂堂、影响广泛的人物，其人只能是"百辟卿士"。孔疏谓"百辟卿士"即畿内诸侯之兼任卿士者，甚确。卿士"率由群匹"和《令彝》"同卿事寮"意思相同。诗人认为作为群臣的纲纪榜样，卿士们只要不懈于位，就能上媚于天子，下使民众得以休息，其作用可以说是关键性的。周公曾告诫康叔"以厥庶民暨厥臣达大家，以厥臣达王"。"家"指卿大夫，"大家"则犹《孟子·离娄》所言"巨室"，当指比大夫地位高的卿士。臣民和各诸侯国之意要由"大家"通达于王，可见卿士是不可或缺的环节。从诗作中可以看到卿士的关键作用在西周中期有所加强。《诗经·卷阿》篇云：

> 有冯有翼，有孝有德，以引以翼，岂弟君子，四方为则。颙颙卬卬，如珪如璋，令闻令望，岂弟君子，四方为纲。凤皇于飞，翙翙其羽，亦集爰止。蔼蔼王多吉士，维君子使，媚于天子。凤皇于飞，翙翙其羽，亦傅于天。蔼蔼王多吉人，

六、论周代卿权

维君子使，媚于庶人。[1]

郑笺谓"王之朝多善士，蔼蔼然，君子在上位者率化之，使之亲爱天子，奉职尽力"。这些"在上位"的君子即卿士。彝铭常见任卿士者为傧右伴同某人受天子册命的记载，可谓"以引以翼""蔼蔼王多吉士，维君子使，媚于天子"的最好注脚。那些率兵讲武的卿士形象在《诗经·瞻彼洛矣》中至为鲜明，他们"韎韐有奭""鞞琫有珌"，雍容而威严地"以作六师"，被颂扬为"君子万年，保其家邦"[2]。《桑扈》谓"君子乐胥，万邦之屏，之屏之翰，百辟为宪"。朱熹《诗集传》以为此君子指诸侯，然从内容上看实指以诸侯而入为王卿者。他们被誉为周王朝的屏障骨干，其重要性是不待多言的。《假乐》等诗作反映的时代属于"周之上

---

[1]《诗经·卷阿》，见阮元校刻《十三经注疏·毛诗正义》卷十七，台北：艺文印书馆，2001年，第627—629页。

[2] 郑笺以为该篇"君子"指诸侯世了为天子所命"使代卿士将六军"，说甚迂曲。其实应径指卿士而言。陈奂《诗毛氏传疏》卷二一以为这些"君子"类于尹吉甫、方叔等卿士。姚际恒《诗经通论》卷一一引何玄子说，谓"为郑武公咏"，郑武公正平王卿士。

世"[1],是周王朝平稳发展的阶段。这些颂扬卿士的诗篇所弥漫的太平肃穆气氛,实质上是时代精神的一种反映。

从厉王时期开始,社会矛盾趋于尖锐,卿士作用更加重要。在任用卿士的问题上,王朝内部曾有不同意见。厉王以荣夷公为卿士,卿士芮良夫即进言反对。芮良夫即《诗经·桑柔》序之芮伯,毛传谓其为"畿内诸侯,王卿士"。《桑柔》记载芮伯指责厉王"维彼不顺,自独俾臧,自有肺肠,俾民卒狂",并问"谁生厉阶,至今为梗"。实际上他在诗中已经作了回答,罪魁祸首就是那位不听谏劝而"覆狂以喜"的"愚人"——厉王。厉王弭谤遭卿士召穆公抨击。国人暴动时太子静奔匿于召穆公之宫。共和行政时期,共伯和对各派卿士采取平衡和网罗的策略而稳定了大局。宣王所以能够继位,与以卿士而执王政的共伯和激流勇退很有关系。宣王不行籍田之法,卿士虢文公曾谏劝之。宣王立鲁懿公和料民事均遭卿士樊仲山父的反对。这些史实不仅说明当时卿士集团中有不同派别,其间存在着

---

[1] 《诗经通论·小雅·桑扈》,见姚际恒撰《诗经通论》卷十一,北京:中华书局,1958年,第238页。

六、论周代卿权

复杂矛盾，而且还表明从厉王时期起，王朝卿士就不一味地顺从王权，而是时常批评周天子，甚至在特殊情况下可以实行"共和"，以卿权暂代王权。

西周后期卿士对天子的直言不讳的批评，在"对扬王休"之类的聒噪声中显然引人注目。卿士的谠然进言并没有像后世的宰辅大臣那样因批逆鳞而遭杀戮，而是依旧任职，并为社会舆论所赞赏。厉宣时期的诗作往往指名道姓地赞美卿士，几成当时诗坛的主旋律。《诗经·黍苗》借征夫之口颂扬召穆公，谓"悠悠南行，召伯劳之""肃肃谢功，召伯营之，烈烈征师，召伯成之"，并总结道"召伯有成，王心则宁"。《江汉》谓"王命召虎，式辟四方，彻我疆土""文武受命，召公维翰，无曰予小子，召公是似"。以召公奭为喻，可见作为厉宣两朝重臣的召穆公的影响之巨。《崧高》首章谓"崧高维岳，骏极于天，维岳降神，生甫及申。维申及甫，维周之翰，四国于蕃，四方于宣"[1]。甫、申皆诸侯入为王卿者，诗谓他们为四岳神灵所生，

---

[1] "甫"即吕侯，《尚书·吕刑》伪孔传谓"吕侯见命为天子司寇"，《史记·周本纪》《集解》引郑玄说谓"周穆王以甫侯为相"。"申"指申伯，毛传谓为"周之卿士"，郑笺谓其"以贤知入为周之桢干之臣"。

崇敬之义已自赫然。诗中屡言申伯之勇武,并谓"申伯之德,柔惠且直,揉此万邦,闻于四国"。这种称誉直可与《诗经》中对天子的颂扬相颉颃。《烝民》赞美的仲山甫即《周语》的樊仲山父,韦注"仲山父,王卿士,食邑于樊"。诗谓"天监有周,昭假于下,保兹天子,生仲山甫",可见其降生在诗人心目中和甫侯、申伯一样也是天神之意。《六月》赞美的尹吉甫,《崧高》传谓其为"周之卿士",孔疏谓《左传》称'官有世功,则有官族',今尹吉甫以尹为氏,明其先尝尹官而因氏焉"。和诸侯入为王卿者不同,尹吉甫是世为王官而为卿士者。宣王时器《兮甲盘》的"兮伯吉父"即此尹吉甫。[1]铭载兮甲伐狁狁"折首执讯",与《六月》所载尹吉甫"薄伐狁狁,以奏肤公"相合。诗谓"文武吉甫,万邦为宪",其声誉与甫侯、申伯、仲山甫等并驾齐驱。《常武》谓"赫赫明明,王命卿士,南仲大祖,大师皇父",又载"王谓尹氏,命程伯休父"。南仲、

---

[1] 王国维说兮伯吉父"疑即《诗·小雅·六月》之吉甫",并谓"甲者,月之始,故其字曰伯吉父"(《观堂集林》别集卷二"兮甲盘跋")。以后诸家,多从王说。

皇父、程伯休父皆宣王时卿士[1]，从"整我六师""戒我师旅"等诗句看，三卿皆任武职，故《出车》亦谓"赫赫南仲，猃狁亦襄"。对此三卿的颂扬规格虽不及甫侯等人，但亦是威风凛凛的人物。《诗经》中另一位英武的卿士是方叔，《采芑》篇就是他的颂歌。诗谓"方叔莅止，其车三千，师干之试""方叔元老，克壮其犹。方叔率止，执讯获丑"。毛传："方叔，卿士也，受命而为将。"据考证，宣王时器《师寰簋》的器主即方叔。[2]簋铭说他"虔不坠，夙夜恤乃□事，休既又工，折首执讯，无諆徒驭，毆孚士女羊牛，孚吉金"，也是有赫赫战功的人物。

西周后期，卿不仅趋于职官化，而且随着人数增加及地位上升，卿的内部也逐渐等级化。卿往往有上、

---

[1] 《诗经·常武》郑笺以为"南仲大祖，大师皇父"为一人，马瑞辰指出郑笺此说实误，并谓"《积古斋钟鼎款识》载《无专鼎》铭曰：'王格于周庙，燔于图室，司徒南仲右。'其铭词不类商器，所谓南仲，当即宣王时臣，则南仲实为司徒"（《毛诗传笺通释》卷二七）。皇父，毛传谓其任大师之职，陈奂说"皇父为大司徒而兼大师"（《诗毛氏传疏》卷二五），盖近是。程伯休父，孔疏谓其为"程国之伯字休父者"，王命之"为大司马之卿"。

[2] 郭沫若说，"方叔当是字，与寰刈义相应。""寰假为圜，名圜而字方者，乃名字对文之例。"（《两周金文辞大系图录考释》，北京：科学出版社，1957年，第126、146页）

中、下之别。《左传》成公三年载"次国之卿,当大国之中;中当其下;下当其上大夫",并强调这种区别为"古之制也"。总的来看,卿的地位不仅高于大夫,而且高于师尹。西周后期器《𪔵叔多父盘》谓"事利于辟王、卿事、师尹、朋友"[1],《伯公父瑚》谓"用召卿事辟王、用召诸考诸兄"[2],均可见卿士地位已非一般。孟子讲周室班爵禄时说"君一位、卿一位、大夫一位",这是符合西周后期情况的。《诗经·十月之交》罗列七名朋比为奸的高官,端首"皇父卿士",郑笺说他"兼擅群职",颇有一人之下、万人之上的势头。卿士不仅在王朝官员中居首位,而且其地位高于一般诸侯。就封地采邑而言,《孟子·万章》下说"天子之卿受地视侯",《礼记·王制》说"天子之卿视伯",其地域虽然不见得比诸侯大,但多在平坦肥沃的王畿地区,所以其经济实力并不在诸侯之下。就政治地位而言,卿士则明显高于诸侯,直到春秋初年王卿还有讨伐诸侯

---

[1] 吴镇烽:《商周青铜器铭文暨图像集成》(14532号器),上海:上海古籍出版社,2012年。
[2] 《集成》4628。

六、论周代卿权

的权力。"宋公不王,郑伯为王左卿士,以王命讨之"[1],就是一例。

尽管西周末年卿士对天子已有桀骜不驯之势,但终西周之世卿权仍可视为王权的附庸。卿士的权力只是表现在其受王命而主管某项职守或事务,其地位虽高,然而和后世的宰辅毕竟有所区别。《诗经·小旻》谓"谋夫孔多,是用不集,发言盈庭,谁敢执其咎",春秋时郑三卿主张从楚,三卿主张待晋援,议而不决,最后由子驷拍板,谓"騑也受其咎"[2],孔疏以此事释《小旻》,得之。可见卿士皆可参与政事,但又都不是直接责任的承担者。另外,卿士之间往往有激烈斗争,如《诗经·何人斯》序谓"苏公刺暴公也",苏公和暴公"二人皆王朝卿士,其争田兴讼"[3]已至水火不容的地步。《诗经·节南山》抨击"秉国之均"的"尹氏大师",亦源于"卿大夫缓于谊而急于利,亡推让之风而

---

[1] 《左传·隐公九年》,见阮元校刻《十三经注疏·春秋左传正义》卷四,台北:艺文印书馆,2001年,第76页。

[2] 《左传·襄公八年》,见阮元校刻《十三经注疏·春秋左传正义》卷三十,台北:艺文印书馆,2001年,第521页。

[3] 王先谦:《诗三家义集疏》卷一七,北京:中华书局,1987年,第710页。

有争田之讼"[1]。这种斗争客观上有利于周天子对卿士的控制。

周代王权对卿权的支配主要表现在天子对世卿的控制。周卿世袭多有所见，周、召二公世为王卿就是著名例证。此外，如成康之际的顾命大臣毛叔郑乃文王之子，其后嗣毛伯班曾受穆王命平定东域，毛公厝曾受宣王命为卿士，毛伯卫曾受襄王命赐命于鲁文公，毛伯得在景王时"侈于王都"[2]，可见毛氏世为卿士，直到敬王时毛伯得随王子朝奔楚，其卿位才消失。《诗经·十月之交》"蹶维趣马"，以卿士而任趣马之职的蹶，是幽王时人，为《常武》所载蹶父之后。诗谓"蹶父孔武，靡国不到，为韩姞相攸"，这位蹶父即北燕之君入为王卿士者[3]。和毛氏、蹶氏情况类似者还有尹

---

[1] 王先谦：《诗三家义集疏》卷一七，北京：中华书局，1987年，第657页。

[2] 关于毛氏的彝铭和文献记载见《班簋》《穆天子传》《毛公鼎》《左传》文公元年和昭公十八年。

[3] "趣马"即彝铭走马，职位有高低之分，"其最高者或当于卿"（郭沫若《两周金文辞大系图录考释》第152页）。《十月之交》的蹶当为卿。马瑞辰以姞姓的北燕与韩相近，且与蹶父同姓为据，指出"蹶父疑即北燕之君入为王卿士者"，又谓《十月之交》为趣马之蹶"盖宣王时蹶父之后"（《毛诗传笺通释》卷二七、卷二〇）。

氏、荣氏、虢氏、樊氏、原氏等，亦为世卿。周王朝之所以让某些卿士世袭，目的是笼络大族以巩固王权，然而又不能使卿权膨胀以危殆王权，这就需要采取适当措施加以控制。这些措施今可考见者略如下述。

首先是彪炳任官尚贤的原则。《尚书·立政》以讲述周王朝的设官之道为主旨，强调"立兹常事司牧人，以克俊有道"，要求设立常务主管官员必须任用杰出而有德行的人。还要求"继自今立政，其勿以憸人，其惟吉士，用劢相我国家"，选拔官员切勿用阴险谄佞之人，而要用"吉士"，即善良贤能之士。若周王不这样做，例如厉王任好专利的荣夷公为卿士以及幽王任谗谄的虢石父为卿士，那就会遭到舆论谴责。周王册命贵族时，在册命文辞中常强调受册封者的贤才，如《师𩵋鼎》载"王曰：师𩵋，汝克荩乃身，臣朕皇考穆穆王，用乃孔德逊纯，乃用心弘正乃辟安德"[1]，就是一例。《论语·尧曰》载"周有大赉，善人是富，虽有周亲，不如仁人"，在周王心目中，卿士当然应在"善人""仁人"中选拔。周王朝虽然允许卿位世袭，但又

---

[1]《集成》2830。

用尚贤的原则在实际上否定了卿位世袭的合法性。

其次,不使卿位与官位相结合,在许多情况下它只是级别、荣誉的标识,既无固定职守,也没有俸禄[1]。周公"次子留相王室,代为周公"[2],召公"次子留周室,代为召公"[3],二公虽世代有卿位,但却未必每世皆担任重要职官。周代贵族即使卿位世袭,但其官职却不一定世袭。

再次,通过册命制度表明世卿乃是时王的恩宠,并非全是先辈荫庇的结果。《番生簋》载"王令……司公族、卿事大史寮"[4],《毛公鼎》载"王曰:父厝,已

---

[1] 《孟子·梁惠王下》谓文王时"仕者世禄"。《诗经·文王》"凡周之世,丕显亦世",孔疏云"周制,世禄也",又引或说谓"卿大夫得世禄,不得世位"。所谓"世禄",并非世居官位而取得俸禄。清儒焦循说"畿内公卿大夫之子,父死之后,得食父之故国采邑之地","世禄谓世食其采地"(《孟子正义》卷二),是论颇得要领。世禄即世代取得采邑收入,与后世官僚制度下的俸禄并不相同。以谷物为俸禄,肇端于春秋后期,西周时期并无谷禄之制。

[2] 《史记·鲁周公世家·索隐》,见司马迁著《史记》卷三十三,北京:中华书局,1959年,第1524页。

[3] 《史记·燕召公世家·索隐》,见司马迁著《史记》卷三十四,北京:中华书局,1959年,第1549页。

[4] 《集成》4326。

曰及兹卿事寮、大史寮,于父即尹"[1],都表明其为卿士乃王命所致。周王册命贵族时常强调受册封者的先辈尊崇天子、捍卫王室的功绩及其贤淑德行,其间仍有黾勉尚贤之意。

复次,周天子可以通过不再册命的办法使卿士自然淘汰。卿士固然有世袭者,然亦有一世或数世即失去卿位者。卿士后裔不再为卿者常以其祖的官职为氏。《国语·楚语》下谓"其在周,程伯休父其后也,当宣王时失其官守,而为司马氏"。程伯休父为宣王卿士,任大司马,其后裔"失其官守",未能世袭,便以"司马"为氏。仿此例可知周代以司徒、司空、太宰等为氏者,皆"失其官守"的卿士后裔。

总之,西周时期周王朝对卿士采取的是既利用又限制的原则,一方面允许世卿现象的存在,另一方面又采取措施不使世卿成为制度。《公羊传》隐公三年谓"世卿,非礼也",何休注:"礼,公卿、大夫、士皆选贤而用之。卿大夫任重职大,不当世。"就礼制而言,《公

---

[1]《集成》2841。

羊传》此说可从。[1]

（三）春秋时期的卿权

春秋时期卿权的发展可以分为前后两个阶段。春秋前期，卿权尚未对君权构成威胁。礼乐征伐"自大夫出"，形成世卿擅权局面，那是春秋后期的事情。兹分述周王朝以及各诸侯国情况，来说明卿权变化的阶段及其趋势。

先谈周王朝。春秋初年，郑庄公、郑武公、虢公忌父先后以诸侯而为王卿。郑庄公虽然强横，还在繻葛之战中打败周、蔡、卫、陈等国联军，但却宣称"君

---

[1] 王国维《殷周制度论》谓周人"以贤贤之义治官"，并论证说"卿大夫士者，图事之臣也，不任贤无以治天下之事。以事实证之，周初三公，惟周公为武王母弟，召公则疏远之族兄弟，而太公又异姓也。成康之际，其六卿为召公、芮伯、彤伯、毕公、卫侯、毛公，而召、毕、毛三公又以卿兼三公，周公、太公之子不与焉。王朝如是，侯国亦然。故《春秋》讥世卿。世卿者，后世之乱制也"（《观堂集林》卷一〇）。学者们对于周代是否有世卿制度的问题进行过许多讨论。王氏以周初三公的事实进行论证是有说服力的。然就"后世"而言，终春秋之世，世卿并没有成为周王朝以及任何一个诸侯国的制度，就是在卿权鼎盛时，"世卿"也只是一种惯例，说它是"乱制"则未尽妥当。

子不欲多上人,况敢陵天子乎"[1],至少在表面上对王权依然谦恭。春秋时期真正对周天子构成威胁的是庶孽之乱。惠王时的子颓之乱、襄王时的子带之乱都使王室狼狈不堪。在平定这些叛乱的时候卿士皆支持周王。春秋后期子朝之乱时不少卿士,如毛伯得、尹氏固等,支持王子朝,而与周敬王敌对。卿士召伯盈则先支持王子朝,后又转向敬王。可见其时卿士对王权已不甚谦恭,甚至势力崛起之后威胁王权。周景王不能容忍卿士单穆公、刘文公的专权,曾经以田猎为名"使公卿皆从,将杀单子、刘子"[2],因"心疾"速死而未果。单、刘二卿拥立悼王、敬王,权势甚显赫,王子朝指责他们"剥乱天下,壹行不若"[3],并非全是夸大之辞。春秋时期的王卿与诸侯国之卿稍有不同,那就是他们更注重利用君权的招牌以扩展自己的势力,不敢易帜篡位。子朝之乱时许多卿士支持王子朝,是因

---

[1]《左传·桓公五年》,见阮元校刻《十三经注疏·春秋左传正义》卷六,台北:艺文印书馆,2001年,第107页。

[2]《左传·昭公二十二年》,见阮元校刻《十三经注疏·春秋左传正义》卷五十,台北:艺文印书馆,2001年,第873页。

[3]《左传·昭公二十六年》,见阮元校刻《十三经注疏·春秋左传正义》卷五十二,台北:艺文印书馆,2001年,第904页。

为在他们眼里王子朝并非庶孽，而是周王。在敬王地位已经巩固的时候尚有"东王""西王"[1]之说，这表明激烈拼争的两派卿士都没有舍弃周天子而另立炉灶。周卿士攘夺王权已是战国时期的事情。《韩非子·说疑》列有"上逼君、下乱治"的奸臣九人，其中有周的单荼。该篇又将单氏取周和田氏代齐、三家分晋等并列，盖战国时单氏曾攘取周权并可能有废君篡位之举。虽因史载阙如而不能详考，但单氏权势膨胀则还是可以肯定的。

再看各诸侯国的卿权。从卿与公室的关系看，各国大致有三种情况。一是卿主要来源于公室贵族，以鲁、郑、宋最为显著。鲁国除了自成公时期世执鲁政的"三桓"以外，东门氏出自庄公，臧氏、展氏出自孝公。郑国在春秋后期，其正卿则由出自郑穆公的"七穆"轮流担任。宋国的华氏、皇氏、乐氏出自戴公，鱼氏、何氏、荡氏出自桓公，诸族间以戴氏和桓氏任卿者居多，其他宋卿亦皆历朝公子或公孙。楚国也可归于这一类。担任令尹者多王族近亲。强大的卿族

---

[1] 《左传·昭公二十三年》，见阮元校刻《十三经注疏·春秋左传正义》卷五十，台北：艺文印书馆，2001年，第879页。

六、论周代卿权

如斗氏、成氏出自若敖，蒍氏出自蚡冒，阳氏出自穆王，沈氏和囊氏出自庄王，皆属王族。第二种情况是卿主要由异姓贵族及与公室血缘关系疏远的姬姓贵族充任，晋国是其典型。由于特殊的历史原因，晋公族衰微[1]，特别是文公继位后许多随从功臣被命为卿，异姓卿族遂奠定牢固基础。屡居卿位的郤氏、士氏、赵氏、魏氏、先氏、狐氏、胥氏等虽与公室同为姬姓，但和武公以后的公室的血缘关系却相当疏远，严格说来并不能算是公族。第三种情况是卿既有公族，也有异姓贵族，可以齐国为代表。历为上卿的国氏出自太公，高氏出自文公，此外崔氏出自丁公，庆氏出自桓公，被称为"二惠"的栾氏和高氏出自惠公，皆公族。异姓之卿最著名的是管仲、鲍叔牙以及后取代姜齐的田氏。卫国亦属此类。执政的宁氏、孙氏出自武公，太叔氏出自僖侯，北宫氏出自成公，皆公族之卿。多次

---

[1]《左传》庄公二十五年载晋献公"尽杀群公子"，使桓、庄之族受到致命打击。《国语·晋语》二载晋献公听骊姬之谮"尽逐群公子"，韦注谓"群公子，献公之庶孽及先君之支庶也"。《左传》僖公十五年载晋惠公"不纳群公子"。《左传》宣公二年谓骊姬之乱以后，"诅无畜群公子，自是晋无公族"。晋公子多居异国，惠公、怀公、文公、成公、悼公等皆从国外返归。

执卫政的孔氏则是异姓卿族。

春秋前期列国世卿尚未成惯例，卿权依然是君权的附庸。据《孟子·告子下》载，齐桓公在葵丘会盟诸侯时，曾将"士无世官"写入载书。赵岐注谓"仕为大臣，不得世官"，这是符合春秋前期情况的。在春秋前期各国，特别是中原地区的各个诸侯国，列国之卿不仅可由国君好恶而得任免，而且往往及身而已。郑国祭足原为镇守边地的封人，得郑庄公赏识而为卿，曾立郑厉公、郑昭公，又和郑庄公擢用的另一名卿士高渠弥擅立公子亹为君。后来齐国出兵干涉，杀高渠弥，此后祭氏、高氏再无任郑卿者。鲁国的羽父、宋国的孔父嘉、晋国的里克等也都是这种情况。这个时期还兴起禄田之制，卿大夫受赐田邑往往和其职位相联系。卫献公赏大夫免余六十邑，免余推辞说："唯卿备百邑，臣六十矣。下有上禄，乱也。臣弗敢闻。"[1]卿拥有百邑禄田当是卫国之制。按照惯例，职在禄在，职去而禄田自应归公。曹成公之弟"尽致其邑与卿而

---

[1]《左传·襄公二十七年》，见阮元校刻《十三经注疏·春秋左传正义》卷三十八，台北：艺文印书馆，2001年，第644页。

六、论周代卿权

不出"[1],就是对惯例的遵从。禄田之制是国君控制卿大夫的一种手段。到春秋后期,随着君权式微、卿位世袭,致邑之事已属罕见,原先的禄田盖已并入卿大夫的采邑,成为卿的私有土地。

中原列国卿权由君权附庸发展到影响和干预君权、再到超越君权而决断政治,经历了比较长期的发展过程。一般说来,在前546年弭兵大会以前这个过程即已基本终结,卿权臻至鼎盛。

世卿局面的形成是卿族擅权的重要标识。三桓世执鲁政,七穆轮流担任郑国正卿,是世卿执政的较早例子。晋国情况稍有不同,由于诸卿相互牵制,所以君权保持了较长时期的强盛。然而晋国世卿亦早有所见,并逐渐威胁到君权。从襄公末年开始,赵盾继其父赵衰执政,狐射姑评论说:"赵衰,冬日之日也;赵盾,夏日之日也。"[2] 观赵盾执政后逐狐氏、逼晋君、平王室、弑灵公、立成公诸事,可知赵氏已如炎炎夏日而威胁

---

[1]《左传·成公十六年》,见阮元校刻《十三经注疏·春秋左传正义》卷二十八,台北:艺文印书馆,2001年,第480页。

[2]《左传·文公七年》,见阮元校刻《十三经注疏·春秋左传正义》卷十九上,台北:艺文印书馆,2001年,第318页。

公室。赵盾之后，中行氏、范氏、韩氏、知氏、魏氏等先后执政，至顷公时形成六卿峙立之势，由世卿集团控制了晋国政治。齐国世卿以国、高二氏最早，然春秋时实际执齐政的崔、庆、栾、高（指惠公后裔子尾）诸氏多仅及一人之身即告瓦解。田氏在春秋初年始至齐国，齐桓公虽有意提拔田完为卿，但被田完谦辞。田氏居于卿位可能是田完四世孙田文子时的事情。按照《左传》庄公二十三年"五世其昌，并于正卿"的说法，田完五世孙田桓子当已居正卿之位。齐国诸公族虽屡居卿位以执掌大权，但相互斗争激烈，故异姓的田氏得以脱颖而出，以"黑马"之势迅速攫取齐政。田氏自桓子世居正卿，至田成子终于弑简公而形成代齐之势。

春秋后期中原列国卿权实际上已凌驾于君权之上，征伐、会盟等大事已由卿掌管，不像春秋前期那样由国君决断。例如前546年的弭兵大会是一次极重要的会议，参加盟誓的是诸国之卿，且多为正卿。在国际政坛上居于霸主地位的晋国正卿甚至可以号令天下，前541年赵武召集包括楚在内的十一国会盟于虢，前517年赵鞅召集十国会盟于黄父，前509年魏舒召

六、论周代卿权

集诸国会于狄泉，皆为其例。列国间的征伐由卿决断和统领，这不仅由于卿执掌国政，而且与卿族拥有强大武装有关。鲁国三分公室以后，三军的军赋和指挥权皆落入三桓之手。就私人武装看，孟献子被称为"百乘之家"[1]，季康子有甲士"七千"[2]，都相当可观。晋国公室败落情况正如叔向所谓，"戎马不驾，卿无军行，公乘无人，卒列无长"[3]。相反，卿族的私家武装却日益强盛，例如晋卿韩宣子势力很大，"韩赋七邑，皆成县"[4]，"成县"即盛县，每县可出百乘战车，韩氏已拥有七百乘的私家武装。

凭借强大的经济和军事实力，中原诸国卿族日益强横，发号施令、驱逐或废立国君等皆卿族习见之事。《左传》襄公二十二年载郑卿子展语谓"国卿，君之贰也，民之主也"，但这只是口头上说说而已，在攫取

---

[1] 《孟子·万章下》，见阮元校刻《十三经注疏·孟子注疏》卷十上，台北：艺文印书馆，2001年，第180页。
[2] 《左传·哀公十一年》，见阮元校刻《十三经注疏·春秋左传正义》卷五十八，台北：艺文印书馆，2001年，第1016页。
[3] 《左传·昭公三年》，见阮元校刻《十三经注疏·春秋左传正义》卷四十二，台北：艺文印书馆，2001年，第723页。
[4] 《左传·昭公五年》，见阮元校刻《十三经注疏·春秋左传正义》卷四十三，台北：艺文印书馆，2001年，第747页。

权力时国卿并不把自己看做"君之贰",而是不仅要为民之主,并且要为君之主的。郑卿子产曾谓自己的职权,"发命之不衷,出令之不信,刑之颇类,狱之放纷,会朝之不敬,使命之不听,取陵于大国,罢民而无功,侨之耻也"[1]。子产处理这些重大事情虽然多与其他诸卿商量,但却从不向国君请示。七穆掌权以后,郑君形同虚设。鲁国昭公之被逐和定公之立皆由三桓操纵。随昭公逃亡的鲁大夫子家羁曾说"若立君,则有卿士大夫与守龟在,羁弗敢知"[2],可见立君已由卿操纵。和中原诸国不同,处于边远地区的秦、楚、吴、越等国,由于受分封制和宗法制的影响较小,或因社会经济发展起步较晚,或因具有特殊文化传统,终春秋之世其君权依然强盛,卿权则远不如中原诸国强大。这种情况,表明了春秋时期各国政治发展的复杂性和多样性。

---

[1]《左传·昭公十六年》,见阮元校刻《十三经注疏·春秋左传正义》卷四十七,台北:艺文印书馆,2001年,第826页。
[2]《左传·定公元年》,见阮元校刻《十三经注疏·春秋左传正义》卷五十四,台北:艺文印书馆,2001年,第942页。

六、论周代卿权

（四）卿权的蜕变

卿权在春秋战国之际的引人注目的重大发展是其向新的君权的蜕变。当时的社会舆论对这个变化是取赞许态度的。鲁昭公于前517年被三桓驱逐，在外八年，客死异乡。赵简子曾问史墨："季氏出其君而民服焉，诸侯与之；君死于外而莫之或罪，何也？"史墨回答说："鲁君世从其失，季氏世修其勤，民忘君矣。虽死于外，其谁矜之？社稷无常奉，君臣无常位，自古以然。"[1]说"社稷无常奉，君臣无常位"是"自古以然"虽为夸张之辞，但它确是春秋末年关于君臣易位的社会观念的概括。赵简子显然以歆羡的眼光看待三桓此举。

在采取公然易帜、取而代之的步骤以前，中原诸国之卿往往先享有君主的权力和荣光。《论语·八佾》载"三家者以《雍》彻"，孔夫子曾振振有辞地斥责其僭用天子之礼；季氏僭用八佾之舞也使孔夫子义愤填膺地说"是可忍，孰不可忍"。然而三桓的这些做法和

---

[1]《左传·昭公三十二年》，见阮元校刻《十三经注疏·春秋左传正义》卷五十三，台北：艺文印书馆，2001年，第933页。

晋、齐之卿比起来简直可以算是小巫见大巫了。赵盾弑灵公以后，"宦卿之嫡而为之田，以为公族"[1]，诸卿嫡子被任命为公族大夫。齐宣公时，田襄子"使其兄弟宗人尽为齐都邑大夫"；田常弑简公以后攫取齐政"乃选齐国中女子长七尺以上为后宫，后宫以百数"[2]。在传统君权强大的时候，一个重要原则是"惟辟作福，惟辟作威，惟辟玉食，臣无有作福作威玉食"[3]。春秋战国之际，作为臣下的列国之卿不仅也在那里"作福作威玉食"，而且其程度往往超过"辟"——那些旧君主们。然而，实际上的"作福作威玉食"并不能完全满足其欲望，一些声威煊赫的卿便凯觎国君宝座，力求成为名副其实的君主。晋卿赵简子就是一位典型。他曾对其大夫说："我之帝所甚乐，与百神游于钧天。"并谓帝告诉他"晋国且世衰，七世而亡"。[4] 显而易见

---

[1]《左传·宣公二年》，见阮元校刻《十三经注疏·春秋左传正义》卷二十一，台北：艺文印书馆，2001年，第366页。

[2]《史记·田敬仲完世家》，见司马迁著《史记》卷四十六，北京：中华书局，1959年，第1885页。

[3]《尚书·洪范》，见阮元校刻《十三经注疏·尚书正义》卷十二，台北：艺文印书馆，2001年，第174页。

[4]《史记·赵世家》，见司马迁著《史记》卷四十三，北京：中华书局，1959年，第1787页。

六、论周代卿权

这是为以赵代晋制造舆论，告诉人们其权为帝所授，是理所当然的君主。《吕氏春秋·长攻》载"赵简子病，召太子而告之曰：我死，已葬，服衰而上夏屋之山以望。太子敬诺。"赵简子有"太子"，自己当必以国君自居，《史记·赵世家》说他"名晋卿，实专晋权，奉邑侔于诸侯"，是很有根据的。

晋、齐两国是卿权转化为新君权的两个最重要的诸侯大国，其卿权蜕变的完成极大地改变了社会政治面貌，是春秋战国之际历史发展的转捩点。前481年田常弑简公，田氏代齐已成定局，然此后姜齐仍历平公、宣公、康公三世才寿终正寝。前453年晋卿赵襄子、韩康子、魏桓子共杀知伯，三家分晋成为定局。此后晋君虽然"反朝韩、赵、魏之君"，但却仍历五世才"绝不祀"。[1]这些史实说明，昔日的臣下变成今日的君主，完成由卿权向新君权的转变，并非一蹴而就的事情。三家分晋后过了半个世纪，直到周威烈王二十三年（前

---

[1] 齐、晋两国君主在被赶下政治舞台以后都绵延百余年之久才绝祀，这是新君主对传统的一种妥协。前547年被逐在外的卫献公图谋复辟时，曾许诺"政由宁氏，祭则寡人"（《左传》襄公二十六年），以换取卫卿宁喜的支持，可见君主对于祭祀之权是很重视的。按照传统，君主绝祀才是其国家最终灭亡的标识。

403年）才被册命为诸侯；田氏代齐后直到周安王十六年（前386年）田和才得魏武侯绍介而被周命为诸侯，这距田氏代齐已近一个世纪之久了。新的君主们尽管干着否定传统的伟业，并且早已作威作福，但他们心里还不踏实，竭力钻营以寻求已经十分衰弱的周天子的承认，便是一个极好的证明。

和晋、齐两国情况相类似的还有卫、宋两国。

卫国卿族南氏在春秋末年崛起。公子郢字子南，是卫灵公之子。灵公曾欲立其为太子，公子郢见公室内部争夺君位相当激烈，故坚辞。公子郢之子公孙弥牟在卫国颇有影响，前470年主谋驱逐卫出公，翌年越、鲁、宋等国出兵纳卫出公，公孙弥牟征求众人意见，是接纳卫出公或是自己逃出卫国，众人表示不接纳卫公，也不赞成公孙弥牟逃亡，结果卫出公不敢复入，公孙弥牟遂立悼公而为其相，出公终卒于越。公孙弥牟又称卫将军文子，已集军政大权于一身。《战国策·卫策》屡载文子之卓见，知伯誉其为"贤人"。《大戴礼记·卫将军文子》载文子向子赣询问孔门弟子事，说："吾闻之也，国有道，则贤人兴焉，中人用焉，百姓归焉。若吾子之语审茂，则一诸侯之相也，亦未逢明君也。"

可见这位卫卿很想招纳儒家贤才,以助其成为"明君"。夺取卫国君位者是公孙弥牟后裔子南劲。古本《纪年》载"卫将军文子为子南弥牟,其后有子南劲,朝于魏。后惠成王如卫,命子南为侯"。《韩非子·说疑》将子南劲和齐田恒等共列为"上逼君、下乱治、援外以挠内"的篡位之臣。子南劲之"援外"当即《纪年》所谓其"朝魏"之事。魏惠王至卫命子南劲为侯,当在卫声公末年。《卫世家》于武公之后、声公前诸君皆称公,声公之后则称侯,或即"命子南为侯"的结果。若此,则子南劲当即卫成侯。南氏之兴实自弥牟,弥牟为卫灵公之孙,称公孙弥牟,其后裔又称公孙氏。《战国策·卫策》载术士语谓卫之亡,"自今以往者公孙氏必不血食矣",可见卫君已是公孙氏。卫是在秦统一后名义上依然存在的唯一姬姓诸侯国。汉武帝时"求周苗裔,封其后嘉三十里地,号曰周子南君"[1]。"周子南君"之号当源自子南弥牟、子南劲,其所以能为周后,盖因其为绵延姬姓国祚之最久者。南氏取卫之后,卫已是魏的附庸小国,已无多少政治影响可言,然仍不失为卿权蜕

---

[1] 《史记·周本纪》,见司马迁著《史记》卷四,北京:中华书局,1959年,第170页。

变之例证。宋国在春秋后期虽然君权依然未衰,甚至有"诸侯唯宋事其君"[1]的说法,但这赖于诸卿间的相互牵制。戴氏脱颖而出以后情况就不同了。戴氏收买民心的做法和齐国田氏相似,宋饥荒,子罕"出公粟以贷,使大夫皆贷,司城氏贷而不书,为大夫之无者贷,宋无饥人"[2]。春秋末年宋国"六卿三族降听政",六卿分属戴氏的乐、皇两族及文公后裔灵族,形成了"三族共政"[3]的局面。战国时戴氏尤强,战国时人屡有戴氏篡宋之说,《韩非子·二柄》谓"子罕徒用刑而宋君劫",《内储说下》谓"皇喜遂杀宋君而夺其政",《说疑》谓"司城子罕取宋",李斯说"司城子罕相宋,身行刑罚,以威行之,期年遂劫其君"[4]。皇喜即子罕,是宋

---

[1]《左传·昭公二十一年》,见阮元校刻《十三经注疏·春秋左传正义》卷五十,台北:艺文印书馆,2001年,第871页。

[2]《左传·襄公二十九年》。《吕氏春秋·召类》载有司城子罕谦让作为普通民众的邻居之事,孔子闻之曰:"夫脩之于庙堂之上,而折冲乎千里之外者,其司城子罕之谓乎!"子罕甚得民心,为戴氏篡宋奠定了基础,当属事实。

[3]《左传·哀公二十六年》,见阮元校刻《十三经注疏·春秋左传正义》卷六十,台北:艺文印书馆,2001年,第1053页。

[4]《史记·李斯列传》,见司马迁著《史记》卷八十七,北京:中华书局,1959年,第2559页。

六、论周代卿权

戴公的六世孙。戴氏篡宋盖在宋桓侯时。古本《纪年》谓"宋易城肝废其君辟而自立",这位宋君即宋桓侯璧兵。易城肝当即司城罕,是春秋时司城子罕的后嗣,诸子所言劫君夺政的子罕盖指此人。由于"戴氏夺子氏于宋"[1],所以《吕氏春秋·雍塞》于宋偃之亡谓"此戴氏之所以绝也"。宋国最后八十多年,君位已入卿族戴氏之手,此时已近战国中期。

列国卿权的发展,并非皆如齐、晋、卫、宋等国那样一帆风顺,也有卿权一度强盛,可是终为君权挫败,从而蜕变未成而胎死腹中的情况。鲁、郑皆为其例。

鲁国三桓之势在春秋战国之际炙手可热。"悼公之时,三桓胜,鲁如小侯,卑于三桓之家"[2],鲁悼公可能为季昭子所杀,因此《韩非子·说林》有"季孙新弑其君"的说法。为悼公居丧时,孟敬子曾让季昭子食粥以尽臣礼,季昭子说:"吾三臣者之不能居公室也,四方莫不闻矣,勉而瘠则吾能,毋乃使人疑夫不以情

---

[1] 《韩非子·忠孝》,见陈奇猷校注《韩非子新校注》,上海:上海古籍出版社,2017年,第151页。
[2] 《史记·鲁周公世家》,见司马迁著《史记》卷三十三,北京:中华书局,1959年,第1546页。

居瘠者乎哉？我则食食。"[1]鲁公之不容于三桓乃是"四方莫不闻"的事情，仅靠丧居食粥而变得瘦瘠是掩盖不了的，因此季昭子索性依旧进食，不做表面文章。悼公时期是三桓势力上升的顶点，此后便趋于没落。有人曾对仕于季昭子的吴起说："夫死者，始死而血，已血而衈，已衈而灰，已灰而土，及其土也，无可为者矣。今季孙乃始血，其毋乃未可知也。"[2]吴起知季氏将衰败，故离鲁赴魏。《韩非子·外储说左下》几次提到季孙遇贼而遭暗杀之事，此季孙即季昭子，杀季昭子者可能为鲁悼公之子元公所派遣，也可能是季氏门客而与元公有关者。孔子谓"吾恐季孙之忧不在颛臾，而在萧墙之内"[3]，可算是有先见之明了。不仅如此，季氏之忧还在于三桓之间龃龉不合。墨子说："季孙绍与孟伯常治鲁国之政，不能相信而祝于丛社，曰：'苟使我和。'是犹弇其目，而祝于丛社曰：'苟使我皆视。'

---

[1] 《礼记·檀弓下》，见阮元校刻《十三经注疏·礼记注疏》卷九，台北：艺文印书馆，2001年，第173页。

[2] 《韩非子·说林上》，见陈奇猷校注《韩非子新校注》，上海：上海古籍出版社，2017年，第485页。

[3] 《论语·季氏》，见阮元校刻《十三经注疏·论语注疏》卷十六，台北：艺文印书馆，2001年，第146页。

六、论周代卿权

岂不谬哉！"[1]这两位人物,孙诒让《墨子间诂》谓"当即昭子、敬子之子若孙",其时代在战国初年。执鲁政的季、孟两家水火不容,要化解其矛盾,依墨子看来,不啻是掩耳盗铃。季氏衰败和孟孙、叔孙的没落大约都在鲁元公时期。鲁哀公尝欲"以越伐鲁而去三桓"[2],元公效其故智并付诸行动,终将季收打败。《孟子·离娄》下载"曾子居武城,有越寇",焦循《孟子正义》引或说谓"武城近费,季氏之私邑在焉,说者因谓越寇季氏,非寇鲁"。越与鲁公室过从甚密,于武城寇季氏,当是其时季氏已退居于费。鲁穆公时卿位易主已有明确记载,《孟子·告子》下谓此时鲁国"公仪子为政,子柳、子思为臣",景公、平公时"鲁欲使乐正子为政","使慎子为将军",可见从穆公时起三桓已匿迹于鲁国政坛。战国时鲁虽国势益削,但和卿权比起来,其君权反而变得强大起来。

季氏失之东隅,收之桑榆,在鲁国政坛失败后便

---

[1]《墨子·耕柱》,见李小龙译注《墨子》,北京:中华书局,2007年,第201页。
[2]《左传·哀公二十七年》,见阮元校刻《十三经注疏·春秋左传正义》卷六十,台北:艺文印书馆,2001年,第1054页。

躲进费邑成一统，终于实现了其君主之梦。这以后的费俨然一诸侯之国，《吕氏春秋·慎势》将滕、费、邹、鲁并称，《史记·楚世家》将邹、费、郯、邳并称，《水经注》卷二十五引《鲁连子》将鲁、费并称，因此顾炎武《日知录》列费入泗上十二诸侯。学者们多认为费为季氏之国[1]。费君可考者有《孟子·万章》下所载之费惠公，盖为《说苑·尊贤》提到的"鄪君"之子。此篇载"鲁人攻鄪，曾子辞于鄪君"，并为鄪君优待之事。《礼记·檀弓》上载曾子临没前执烛童子提醒他寝卧大夫之箦不合于礼，曾子说"斯季孙之赐也，我未之能易也"。这位季孙当即尊崇曾子的鄪君，亦即《墨子·耕柱》之季孙绍。要之，战国时鲁卿季氏被鲁君联合越人打败，不得已而退居费，成为小国之君。顾炎武评论季氏"但分国而不敢篡位，愈于晋卫多矣，故曰鲁'犹秉周礼'"[2]，其实，季氏非不敢篡位，乃不能也。

---

[1] 关于费国，宋代王应麟谓为"鲁季氏之僭（《困学纪闻》卷八）；清代顾炎武《孟子·万章》下之费惠公"即季氏之后而僭称公者"（《日知录》卷七）；阎若璩亦谓"季氏之强僭，以私邑为国号"（《四书释地》续，"费惠公"条）。

[2] 顾炎武：《日知录集释》卷七，上海：上海古籍出版社，2014年，第170—171页。

六、论周代卿权

从卿权的发展看,鲁卿和晋、卫之卿相比,可谓差之远矣。

郑国之卿子阳在战国初期势力崛起,似曾一度取得君位。《韩非子·说疑》列周、郑等八国"身死国亡"的君主,其中有"郑子阳身杀,国分为三"的说法,子阳与陈灵公、楚灵王等并称,亦当为国君。《吕氏春秋·观世》和《庄子·让王》载子阳赐粟给列子,列子及其妻均称子阳为"君",《吕氏春秋·适威》还将子阳与桀、纣并列,可见战国时人认为子阳是郑君。然而,《史记·郑世家》称子阳为"郑相",《史记·六国年表》和《汉书古今人表》称"郑相驷子阳",高诱注《吕氏春秋·首时》谓"子阳,郑相,或曰郑君",注《适威》谓"子阳,郑君也,一曰郑相也"。这些说法表明子阳当为以相职而取君位者[1],是郑卿罕氏后裔。《左传》襄公二十九年载,"郑子展卒,子皮继位,

---

[1] 《韩非子·说疑》有"太宰欣取郑"之说,童书业认为太宰欣"或即郑子阳"(《春秋左传研究》,上海:上海人民出版社,1980年,第265页),可信。论者或谓子阳为驷氏之后,其实依郑国形势而言,当为罕氏之后。郑穆公之于于罕及其后裔子展、子皮、婴齐等皆郑卿,"罕氏常掌国政,以为上卿"(《左传》襄公二十九年),其与太宰之职是相近的。子皮为郑国"冢宰"(《左传》昭公元年),家宰亦即太宰。盖太宰名欣,字子阳,太宰为其职。欣读昕,为且明时日将出,与

于是郑饥,而未及麦,民病。子皮以子展之命饩国人粟,户一钟,是以得郑国之民"。罕氏此举和宋国戴氏、齐国田氏争取民心的做法如出一辙,然罕氏结局并不佳。《吕氏春秋·适威》载"子阳极也好严,有过而折弓者,恐必死,遂应猘狗而弑子阳",《观世》谓"民果作难,杀子阳",《史记·郑世家》谓郑繻公二十五年(前398年)"郑君杀其相子阳",盖繻公因民众蜂起而复取君位。繻公复辟两年之后,虽然子阳之党共弑繻公,但却不敢效尤子阳而攫取君位,只是立郑幽公之子为君,不再与君权抗衡。鲁国三桓尽管没有像三家分晋那样取得成绩,并且最终败在鲁君手下,但却能不得已而求其次,如季氏还盘据私邑以圆其君主之梦。然而郑国卿族罕氏则没有三桓那样的退路,子阳受诛于繻公,和季氏比起来显然是等而下之了。

(五)结语

从追溯源流的角度看,周代的卿起源于殷周之际

阳义通。阳有欣喜之义,《诗经·君子阳阳》毛传"阳阳,无所用其心也",阳与欣义也相涵。名欣,字子阳,合乎名字解诂之例。

六、论周代卿权

周王左右的谋臣集团。西周中后期，卿的地位日趋重要，成为王权的必要补充。在春秋时期列国卿权较大发展的基础上，以晋、齐为代表的中原诸国之卿，多在春秋战国之际蜕变成为新的君主，使得社会政治面貌发生重大改变。周代的卿多由高级别的贵族成员担任，其权力和地位不容一般贵族侵犯，例如郑国的驷秦为下大夫，但却"常陈卿之车服于其庭"，来显示其豪华，从而冒犯了当时的等级观念，结果被"郑人恶而杀之"[1]，卿的威严于此可见一斑。随着卿的数量增加，其内部渐有等级区别，文献所载正卿、冢卿、孤卿、散卿、上卿、亚卿、次卿、下卿等名称，就是这种情况的反映。

经过社会政治的剧烈变动，战国时期的卿有了全新面目，尽管如此，但仍以卿相称，然而，人们对于卿已经不甚了了。齐宣王与孟子有一段很有意思的交谈，颇能说明这个问题：

> 齐宣王问卿。孟子曰："王何卿之问也？"王

---

[1]《左传·哀公五年》，见阮元校刻《十三经注疏·春秋左传正义》卷五十七，台北：艺文印书馆，2001年，第1001页。

曰:"卿不同乎?"曰:"不同。有贵戚之卿,有异姓之卿。"王曰:"请问贵戚之卿。"曰:"君有大过则谏,反覆之而不听,则易位。"王勃然变乎色。曰:"王勿异也。王问臣,臣不敢不以正对。"王色定,然后请问异姓之卿。曰:"君有过则谏,反覆之而不听,则去。"[1]

齐王对于作为股肱大臣的卿的性质弄不大清楚,以致要向孟夫子请教,尽管这事有点滑稽,但却事属必然。这是因为卿不仅历史悠久,迭经变迁,而且自战国初期以来,客卿异军突起,挤入卿的行列,甚至造成喧宾夺主之势,从而使齐宣王眼花缭乱,分辨不清,自不足为奇。学识渊博的孟夫子把卿分为贵戚之卿和异姓之卿,是很有见地的。可以说周代的卿多为贵戚之卿。从春秋后期以来的史实看,他们确实可以使国君"易位",并且自己摇身一变而为君,齐宣王勃然变色的原因就在乎此。所谓异姓之卿,主要指战国时期的客卿。这些人从寒微之士而平步青云以射取卿

---

[1] 《孟子·万章上》,见阮元校刻《十三经注疏·孟子注疏》卷十下,台北:艺文印书馆,2001年,第188—189页。

相之位，有益于国而无祸于君，已属于封建君主专制制度下官僚的范畴，与周代的卿有了本质上的区别。从卿权的发展及其作用看，可以说周代的卿对君权既有支持的一面，又有限制、否定以至取而代之的一面，而战国以降的卿则完全成了君权的附庸和点缀。

七、先秦社会最高权力的变迁及影响因素

权力是社会关系中的重要控制力量,是保证社会运转的必需手段。"权",本指秤锤,有衡量之意,后亦作为权力、权势、权谋等的代称。"权力"一词虽然形成较晚[1],但其意蕴却很早就出现了。先秦时期,人

---

[1] 先秦时期,未见"权力"一词,汉代则多见。如《新书·藩伤》:"权力不足以徼幸,势不足以行逆。"(贾谊撰,阎振益、钟夏校注:《新书校注》,北京:中华书局,2000年,第37页)《汉书·贾谊传》:"天子春秋鼎盛,行义未过,德泽有加焉,犹尚如是,况莫大诸侯,权力且十此者虖!"同书《货殖传》:"(罗)裒举其半赂遗曲阳、定陵侯,依其权力,赊贷郡国,人莫敢负。"《游侠传》:"(万章)与中书令石显相善,亦得显权力,门车常接毂。"(《汉书》卷48《贾谊传》,北京:中华书局,1962年,第2232页;卷91《货殖传》,第3690页;卷92《游侠传》,第3706页)关于"权力"的定义,提出著名的"酋邦"理论的美国学者塞维斯认为,"权力"一词最为广泛使用的含义是:某人或某集团使他人或他集团服从的相对的能力,或者反过来说,某人或某集团对他人或他集团"不必屈服"的能力。(参见易建

七、先秦社会最高权力的变迁及影响因素

们曾经用各种方式表达"权力"这一概念。[1]社会上的权力有不同的层次和范畴,先秦时期,社会权力观念起初是以"主"的名义出现的。本文试以先秦时期的神主、君主等称谓为线索进行讨论,虽然不能完全深入研究那个时期国家最高权力的所有问题,但却可以从一个新的角度来认识先秦时期社会最高权力的嬗变情况,了解这个过程中社会最高权力制约因素的消长情况。

平:《酋邦与专制政治》,《历史研究》2001年第5期)我们可以说,在商周时代使全社会的人或集团都服从的权力就是神权和王权,只是这一最高权力有一个发展变化的过程,有着不同的表现方式。这种最高权力不一定是强制性的暴力,也可能是传统习俗所形成的权威。

[1] 先秦时期曾经以器物的"柄",以及缰绳的"辔"作为权力的代称。如《左传》襄公二十三年:"子在位,其利多矣。既有利权,又执民柄。"(阮元校刻:《十三经注疏》,北京:中华书局,1980年,第1976页)《管子·任法》:"明王之所操者六:生之杀之,富之贫之,贵之贱之;此六柄者,主之所操也。"(黎翔凤撰,梁运华整理:《管子校注》下册,北京:中华书局,2004年,第909页)《吕氏春秋·审分》:"有道之主,其所以使群臣者亦有辔。其辔何如?正名审分,是治之辔已。"(陈奇猷:《吕氏春秋新校释》下册,上海:上海古籍出版社,2002年,第1040页)这里所说的"柄""辔"皆指君主治理臣民的权力。正如《管子·山至数》所说:"圣人理之以徐疾,守之以决塞,夺之以轻重,行之以仁义,故与天壤同数。此王者之大辔也。"(黎翔凤撰,梁运华整理:《管子校注》下册,第1340页)所谓"大辔",意即御马的大缰索,喻指君王所拥有的统治和管理社会的最高权力。

由甲骨卜辞,可以看到神灵是商代最高权力的体现。这种神的权力被称为神权,神权的物化形式是"神主"。从权力角度来说,商代就是神权(亦即神主)的时代。到了周代,周天子和各诸侯国的国君拥有社会最高权力,所以周代可以称为君权(亦即君主)的时代。春秋战国时期还出现了"民主"的概念。这个概念并非是民众自己做主,而是国君替民众做主,实际上是"君主"概念的另一种表达方式。尽管如此,"民主"概念的出现毕竟是民众在社会生活中影响增强的结果,所以也还是一件颇有意义的事情。这就是在秦王政称"始皇帝"之前,商周社会最高权力运转的大致情况。应当指出,权力在当时社会实际中的表现和发展却远非如此简单。考虑到关于商代神权、周代君权及春秋战国时期"民主"观念的兴起已多有专家论析,而商周社会最高权力的演变脉络及其特点的系统缕析尚未之见,不揣谫陋,特从这个角度出发试行讨论,谨陈鄙见,以供方家参考。

七、先秦社会最高权力的变迁及影响因素

(一)"神主"与商代国家祭祀

夏、商两代去上古未远,其最高社会权力(亦即王权)除了靠初期的国家权力来巩固之外[1],还十分需要传统的神灵崇拜发挥作用。神灵世界实际上成了夏商之王持有的最高权力的保护伞。关于夏代的情况我们了解得很少,但是对于商王朝的情况,因为有了大量的甲骨卜辞资料,所以有了较多的认识。作为社会最高权力的代表,商王必须为这种权力寻找依据,证明其政权的正当性与合理性。《尚书·汤誓》载商汤动员众庶灭夏时,历数夏桀败坏的德行,说道:"夏德若兹,今朕必往……致天之罚。"奉天罚罪,就是殷革夏命的理由。[2] 那么,商王执掌社会最高权力的依据又是什么?从《尚书·盘庚》中我们看到的是"先后神灵"

---

[1] 商王朝尚属初期国家范畴,商代的国家形态不具备完全成熟的性质。相关讨论参见晁福林《先秦社会形态研究》(北京:北京师范大学出版社,2003年)一书第2章。

[2] 据《尚书·甘誓》记载,夏后启讨伐有扈氏时,所举有扈氏的罪状是"威侮五行,怠弃三正,天用剿绝其命。今予惟共行天之为罚"。可见,奉天命以征伐,也是夏王朝建立的依据。

和"恪谨天命"两项,其所强调的是祖先神灵和天命。

中国古代历朝帝王皆炫耀自己品德之高尚、能力之非凡,有的还编造出"龙种"之类的神圣光环放到自己头上,来为自己最高权位的合理性作证据。自夸和让他人来夸,无所不用其极。不过,值得注意的是,无论是文献抑或卜辞中都罕见商王自夸的文字。史载中只有一位商王(纣王)颇能自我炫耀,可是他却遭到亡国的命运。[1] 不自夸并不是不想自夸,而是因为手中权力还不够强大。商王既然不能靠炫耀自身来增强权威,那么,他就独辟蹊径,凭借"神"来达到目的。《礼记·表记》所载孔子的一段话颇可说明此点:"殷人尊神,率民以事神。先鬼而后礼,先罚而后赏。"商王率领民众侍奉神灵,并且一切以神灵世界为先("先鬼"),目的就是强化自己手中的权力,商王历来坚持敬神灵而强己威的路线("先罚而后赏"),颇有假鬼神以令天下之意。

商代祭祀中受祭的对象即人们心目中的神灵,这

---

[1] 《诗经·商颂·长发》所云"武王载旆,有虔秉钺",盖为仅见的赞美商王个人的话。《史记·殷本纪》说商纣王"矜人臣以能,高天下以声,以为皆出己之下"(《史记》卷3《殷本纪》,北京:中华书局,1959年,第105页),应当是一个很能自夸的君主。

七、先秦社会最高权力的变迁及影响因素

些受祭的神灵是以"主"的形式出现的。在殷人庞大而复杂的神灵世界里，神灵固然虚幻，然而作为神灵物化载体的神主则是现实的。商周时代物化的神主有石质与木质两类，称为"祏"或"宔"。《说文》谓："祏，宗庙主也"，"宔，宗庙宔祏。"主、宔两个字当为古今字，并且祏也是主。所以主、宔、祏皆神主之意。[1] 殷墟卜辞中习见的表示祖先神灵的"示"字与"主"字通用，或者说两者为一字之分化。[2] 示，即神主，诸家之说比较一致。卜辞中有关于"示帝"的贞问，裘锡圭指出："'示'的本义是神主，'示帝'可能是给康丁立神主的意思。"[3] 卜辞中有大量关于"示"的记载，

---

[1] 徐灏：《说文解字注笺》卷7下，见《续修四库全书》第226册，上海：上海古籍出版社，2002年，第72页。

[2] 关于"主"字起源，除了说它源于表示神主的"示"字以外，还有源于火烛之说。该说由王献唐在20世纪40年代所撰写的《古文字中所见之火烛》(济南：齐鲁书社，1979年影印本)一书中提出，后来何琳仪据新出考古资料进行探讨，其结论仍然认为"'主'、'示'实乃一字之分化"。(何琳仪：《战国文字通论（订补）》，南京：江苏教育出版社，2003年，第309页) 商代神主具体形制尚不明确。春秋时期的神主，据《谷梁传》文公二年范宁《集解》说"其状正方，穿中央，达四方。天子长尺二寸，诸侯长一尺"。

[3] 裘锡圭：《关于商代的宗族组织与贵族和平民两个阶级的初步研究》，见《古代文史研究新探》，南京：江苏古籍出版社，1992年，第299页。

如"大示""小示""上示""下示""示癸""示壬"等，分别表示不同的先王，为了称谓方便亦将神主用数量表示，称为集合神主，如七示、九示、十示、十示又几示、二十示等。和"示""主"具有同等地位的还有"尸"。神主是神灵附着于物，称为"主"；神尸则是神灵附着于"人"，称为"尸"。"尸"亦有"主"之意，即人化的神主。这种礼俗到春秋时尚存。如《国语·晋语》八载，春秋后期晋国祭天，"祀夏郊，董伯为尸"。韦注："尸，主也。"可见董伯曾为"尸"，作为天的神主受祭。《礼记·礼器》篇有"殷坐尸"的说法，盖谓殷代的"尸"是坐着受祭的。[1]汉代的许慎讲上古时代的"神主"之意，说："主者，神象也。""唯天子诸侯有主，卿大夫无主，尊卑之差也。卿大夫无主者，依神以几筵，故少牢之祭，但有尸，无主。"[2]其所言"唯天子诸侯有主""卿大夫无主"，虽然有些绝对化，但大体如此。于此亦可见，"主"的本意多限于表示国君的统治国家

---

[1] 《礼记·礼器》郑玄注谓"无事犹坐"，然孔颖达疏谓"是为恒坐之法……言尸本象神，神宜安坐"，两说相较，孔疏为优。可见在祭祀时，"尸"坐而受祭，乃是出于对"尸"的尊重。

[2] 郑玄：《驳五经异义·补遗》，见《丛书集成初编》，上海：商务印书馆，1935年，第22—23页。

七、先秦社会最高权力的变迁及影响因素

之权,而卿大夫至少在名义上无此种权力。

商代社会比较稳定,没有出现过大的动乱,也没有大规模的民众起义,《史记·殷本纪》所说"比九世乱",只是继统方式之不合常规而造成的王位继承之乱,而非大规模的社会动荡。这与商王恰当地采用神权维护其统治有很大关系。大大小小频繁的祀典,名目众多的祈祷,使得整个商王朝就像一座被神监视着的心灵监狱。众多的神灵(神主和神尸)似乎都在睁大眼睛注视着众人的一切行动,使祭拜者的心灵受到巨大而持久的震撼。法国学者福柯曾将监狱的无所不在的监视,称为"全景敞视主义",这种无所不在的监视除了人对人的监视以外,还要靠"上帝"。福柯指出百年前欧洲的一些监狱,"囚室的墙上书写着黑色大字:'上帝注视着你。'"[1] 商代祭典上的神灵所展现的就有这种"注视"的效果。商王在祭典上自然也同样为神灵所慑服。商代王权所受到的限制,这是其中之一。

商代王权受到的限制还表现在所祭神灵的多样性,反映了诸多方国部族在商代政治生活中有较大影

---

[1] 福柯:《规训与惩罚:监狱的诞生》,刘北成、杨远婴译,北京:生活·读书·新知三联书店,2003年,第219、338页。

响，使商王不能独断天下。商王朝的占卜和祭祀形式从表面看是商王的行为，实际上则是国家祭祀。这主要表现在如下几方面。

首先，商王朝祭典所祭的神灵中异姓氏族的首领也占有一席之地。特别是那些对于商王朝贡献卓著的大族的祖先，在祀典中享有与商王族的先公、先王几乎同等的祭祀规格。最著名的例子就是协助成汤立国的伊尹。伊尹曾与成汤一起受祭，伊尹的配偶和商先王配偶一样受祭。[1]不唯如此，卜辞中还有"伊二十示又三"[2]的记载,这表明伊尹部落首领世代都被列入国家祭祀之中。《尚书·盘庚》记载，商王盘庚曾告诫民众："兹予大享于先王，尔祖其从与享之。"这些听盘庚讲话者有些与商王并不同祖，所以盘庚才会说"尔祖其从与享之"。盘庚还告诫这些人要与他同心，如果不这样做，他们的先祖"乃断弃汝，不救乃死"。作为商王族与其他各族的保护神的祖先神灵，既有商朝的先公先王，也有非王族的祖先，他们共同构成祖先

---

[1] 陈梦家:《殷虚卜辞综述》,北京：中华书局,1988年,第363—364页。
[2] 《合集》34123。

七、先秦社会最高权力的变迁及影响因素

神灵世界。[1] 周代祭祀的一个重要原则是只祭本族的先祖[2]，而商代的情况却并非如此。

作为商王族的子姓氏族的发展壮大，除了本族的繁衍生息之外，还应当有另外的途径，那就是接纳和融合其他的氏族部落。为子姓氏族部落的早期发展作出重大贡献的原本是异姓氏族部落的首领，为殷人世

---

[1] 商代祭典亦祭异姓部落首领，表明部落联盟于商代社会上的重大影响。后世对此情况，常以"君臣观"视之，如《孔丛子·论书》载："《书》曰：'兹予大享于先王，尔祖其从与享之。'季桓子问曰：'此何谓也？'孔子曰：'古之王者，臣有大功，死则必祀之于庙，所以殊有绩劝忠勤也。盘庚举其事以厉其世臣，故称焉。'"（王钧林、周海生译注：《孔丛子》，北京：中华书局，2009年，第22页）是为此种观念的一个典型表达。

[2] 关于周人祭典的原则，《国语·鲁语》谓："非是族也，不在祀典。"《左传》僖公三十一年说："鬼神非其族类，不歆其祀。"这应当是那个时代的一般规则，但是也有不同的思考，郑国的子产曾说："夫鬼神之所及，非其族类，则绍其同位。是故天子祀上帝，公侯祀百辟，自卿以下不过其族。"关于"非其族类，则绍其同位"，韦注："绍，继也。殷、周祀之是也。"（《国语·晋语》）在韦昭看来，殷周时代的祭祀应当有超出只祭本族先祖这个一般原则的情况。从卜辞所反映的情况看，商代可能尤为如此。常玉芝曾举出伊尹、伊奭、黄尹、黄奭、咸戊五位异族神的祭祀情况，并指出这"说明了后世古书上所说的'神不歆非类，民不祀非族'（《左传》僖公十年）的规则在商代尚未施行；而'非我族类，其心必异'（《左传》成公四年）的说法也不是人人皆然的"。（宋镇豪主编，常玉芝著：《商代宗教祭祀》，北京：中国社会科学出版社，2010年，第419页）

代尊崇和记忆并称之高祖。卜辞中称为高祖者除了像"高祖王亥""高祖夒""高祖上甲"这样的子姓部落首领外,有些被称为高祖者可能属于异姓氏族部落。如"高祖河"[1]就可能是原居住于大河附近的部落后来融入子姓部落者,作为此部落首领的"河"留在商人记忆中,亦被尊为高祖。[2]

其次,各氏族向商王朝进献占卜用的龟甲,以示对于国家祭礼的参与。这在记事刻辞中有所记载。对于殷墟甲骨的甲桥、甲尾、背甲、骨臼、骨面等不便施以钻凿之处所刻的记事之辞,胡厚宣先生曾作过系

---

[1] 《合集》32028。关于这条卜辞的"高祖河",陈梦家读为"高祖、河",于省吾读为"高祖河"(陈梦家:《殷虚卜辞综述》,第343页),今从于先生说。

[2] 关于这类高祖神,齐文心、王贵民曾经指出:"有的可能是属于一个部落联盟,但不一定是有血缘关系的部落首领,由于他的功勋卓著,逐渐形成为共同崇拜的保护神,又成为象征性的祖先神。"(中华文化通志编委会编,齐文心、王贵民撰:《商西周文化志》,上海:上海人民出版社,1998年,第107页)这是一个很精辟的认识。笔者认为除了这种可能性之外,还可能是原始意识留存的结果。远古时代,民智未开,不能将人与外物完全区分。《国语・楚语下》所谓"民神杂糅,不可方物"(韦注:"同位故杂糅。方,犹别也。物,名也。"),亦有这种远古思维影响的印迹。此一问题较为复杂,存以待考可也。

七、先秦社会最高权力的变迁及影响因素

统研究,他所见到的这些记事刻辞有 825 例之多[1],其中许多刻辞记载甲骨的来源,如某氏族进贡甲骨之数量,或到某氏族征集甲骨之数量。兹举骨臼刻辞的情况略作说明。骨臼刻辞多有"示屯"的记载,常见的格式是某氏某数量之屯,如:

癸巳,妇井示(氏)一屯,亘。[2]
壬寅,妇宝示(氏)三屯,岳。[3]
古示(氏)十屯㞢(又)一𠂤,宾。[4]
丁丑,邑示(氏)四屯,耳。[5]

---

[1] 胡厚宣:《武丁时五种记事刻辞考》,见《甲骨学商史论丛初集》,济南:齐鲁大学国学研究所,1944 年,第 599 页。除胡厚宣先生的研究之外,曹锦炎又发现在龟腹甲中甲右方也刻有记事刻辞,称为"中甲刻辞",他所发现的三例刻辞皆𠂤组,是时代较早的记事刻辞。(曹锦炎:《中甲刻辞——武丁时代的另一种记事刻辞》,见《东南文化》,1999 年第 5 期)
[2] 《合集》130 臼。
[3] 《合集》17511 臼。
[4] 《合集》17581 臼。
[5] 《合集》17563 臼。关于"示屯"类刻辞的研究,郭沫若虽未释此字为"屯",但指出刻辞表明此类卜骨"有所包裹而加缄縢",并且是"两骨一包"。(郭沫若:《殷契粹编》,北京:科学出版社,1965 年,第 747 页)胡厚宣说:"𠂤"字,"疑为片字之古文。……言'十屯

上引刻辞的意思是某日、某氏族进献之兽骨多少屯(读若捆),验收的贞人某。骨臼刻辞所载妇某的氏族和其他氏族进献龟甲的各约四十多个。[1] 如果加上骨臼刻辞以外的记事刻辞所载者,进献龟甲的氏族应当更多一些。这类刻辞所表明的进献,到底是氏族的主动行为,抑或是商王朝征取的结果,从现在所见辞例中不能作出明确判断。可是,有些刻辞所表现的则很可能是商王朝征集的结果。可举两例如下:

庚申,中(得)自雩十屯。[2]

乙酉,㧐二屯,㞢自匽中(得)。[3]

又一'者,背甲十对又一半也。"(胡厚宣:《甲骨学商史论丛初集》,第596页)

[1] 晁福林:《殷墟骨臼刻辞"示屯"及其相关的一些问题》,见《殷都学刊》,1990年第2期。

[2] 《合集》5512臼。

[3] 《合集》17629。两例"中"字,专家多释为"乞",笔者曾另献一说,以广思路,将其释为甲骨文中的另一类"中"字,在卜辞中它可以读若"得",或释为"可"之意。(晁福林:《甲骨文"中"字说》,见《殷都学刊》,1987年第3期)

七、先秦社会最高权力的变迁及影响因素

上引第一条是骨臼刻辞,意思是说庚申这天从雩族(或雩地)得到龟甲十捆。第二例的意思是说乙酉这天󰀀族进献龟甲两捆,是贞人名𠂤者从㠱地得到的。占卜所用牛胛骨易得,而龟甲则较难寻,所以各氏族进献龟甲成为一项重要任务。众多氏族向商王朝进献龟甲,固然表示对商王朝政治上的支持,但更重要的一项应当是表示各氏族参与了商王朝的祭祀。在殷人看来,龟甲兽骨是交通神灵的神物,是探赜索隐的利器,神意要通过其上的裂纹方可显示。某氏族进献(或被征集)龟甲,盖寓有本氏族的神物参与祭祀之意,表示其氏族亦参加了商王朝的国家祭祀。

其三,时王的祖若父(特别是父),按说是神灵世界中最能增强商王个人权威者,但在商代祭典中,对于祖若父并不特别重视。史载商王祖庚肜祭其父高宗武丁,祭品比较丰盛,即受到贤臣祖己的批评,说"罔非天胤,典祀无丰于昵",意即所有先祖没有不是天之后嗣者,因此贡献祭品不应于父亲的祢庙特别丰盛。卜辞表明,历代商王皆举行种类繁多的祀典祭祖,特别是周祭,这是"用翌(日)、祭、𠅞、劦(日)、肜(日)五种祀典对自上甲以来的所有先公、先王和自示

壬之配妣庚以来的先妣轮番和周而复始地进行的一种祭祀"[1]。表现出的是对祖先神灵的"厚今而不薄古"的态度，说明商王是以祭典的方式在尽量大的范围内团结商的王族及子族，再通过其他的祭典和方式，让子姓部族以外的部族也参与到国家祀典中来。神灵世界（特别是祖先神灵）已成为商王朝各个邦国部族的共同信仰所在。祀典也就成为联系各邦国部族与商王族的重要纽带，表现出非王诸族对于商王的影响之大。

其四，如果说神灵是下界投影的话，那么表达王权强大的应当是"帝"。卜辞中"帝"的情况便折射出商王的影子。商代后期商王名号有称"文武帝""帝乙""帝辛"者，表明后期商王对于"帝"的欣赏和重视。

"帝"在商代神灵世界中的地位如何？迭经专家研究，现在比较一致的看法可以概括如下。关于"帝"的神能。第一，它能支配风、雨、雷、晴、旱、涝等气象，可以影响年成好坏。第二，它保佑某些征伐之事，支持建造城邑。第三，它对于有些事情可以作祟、降咎、破坏甚至灭绝城邑。总结这些方面的内容，可以看出

---

[1] 宋镇豪主编，常玉芝著：《商代宗教祭祀》，北京：中国社会科学出版社，2010年，第427页。

七、先秦社会最高权力的变迁及影响因素

"帝"的性质,专家指出它"是个具有巨大威力的自然神"[1],是很正确的。但是,还应当看到"帝"的权力是有限的,它不做(或不能做)的尚有许多事情。最主要的是它不像祖先神灵那样可以指挥人世间的具体事务。卜辞表明,商王及其他人的吉凶祸福、生老病死诸事,以及官吏任命等皆向祖先神灵祈祷福佑,而不祈祷于帝。可以说"帝"的权力是十分有限的。

总之,帝对于人世间的影响虽然很大,但只是一种自然而然的行为,人们虽然希望它来保佑,但大部分事情并不指望它。卜辞中的"帝"类似于战国时期荀子所说"天行有常,不为尧存,不为桀亡"的"天",虽然高悬于人世之上,但与世间的事务并没有多少关系。[2] 这一点在文献中亦可找到证据。《尚书·高宗肜日》说:"惟天监下民,典厥义。降年有永有不永,非天夭

---

[1] 常玉芝:《由商代的"帝"看所谓"黄帝"》,见《文史哲》,2008年第6期。

[2] 《荀子·天论》。关于帝与天的关系,朱芳圃曾经引明义士、叶玉森说指出帝源于商周时代的焚天的祭,指出:"《说文》示部:'祡,烧柴燎以祭天神,从示此声。'盖以火光之熊熊,象征天帝之威灵,《诗经·大雅·皇矣》'既受帝祉',郑笺:'帝,天也。'"(朱芳圃:《殷周文字释丛》,北京:中华书局,1962年,第39页)可见,帝与天在造字时即有意义之密切关联。

民，民中绝命。"这里所说虽有"人在做，天在看"的意思，但其所强调的天与民没有直接关系[1]，如果民遭遇祸害，乃是民自己伤害了自己，并非天的缘故。正因为求它也罢，不求它也可，所以"帝"在商代虽然也多见于卜辞，但却"门庭冷落"，没有香火祭祀。有的商王甚至有侮辱天神之举。[2]若把它作为人世间威严的主宰一切的君主的投影，似有不妥。恩格斯说："一个上帝如没有一个君主，永不会出现，支配许多自然现象，并结合各种互相冲突的自然力的上帝的统一，只是外表上或实际上结合着各个因利害冲突互相抗争的个人的东洋专制君主的反映。"[3]这段话能否作

---

[1] 《尚书·高宗肜日》的"天监下民"，《史记·殷本纪》引此没有"民"字，《尚书》别本所载亦多如此（刘起釪指出有云窗本、内野本、岩崎本、神宫本等，参见刘起釪：《尚书校释译论》，北京：中华书局，2005年，第1004页）。按：足利本亦如此，参见顾颉刚、顾廷龙：《尚书文字合编》，上海：上海古籍出版社，1996年，第1196页。所以原文当即"天监下"，而非"天监下民"。若此可信的话，那么更增加了"天"与"民"的距离。

[2] 商王对"天"不恭，于史载所见者无过乎武乙。相传他曾"为偶人，谓之天神。与之博，令人为行。天神不胜，乃僇辱之。为革囊盛血，卬而射之，命曰'射天'"。（《史记》卷3《殷本纪》，第104页）

[3] 《马克思恩格斯通信集》第1卷，北京：生活·读书·新知三联书店，1957年，第53页。

七、先秦社会最高权力的变迁及影响因素

为商代已出现统一专制君主的证据呢？笔者认为是不行的。关键在于此上帝非彼上帝。恩格斯所说的上帝是西方基督教中的上帝，它是唯一的至上神，是宇宙和万物的创造者。殷墟卜辞中的"帝"，虽有"帝"之名，却无西方上帝之实。卜辞里的帝，论其影响只是与祖先神、自然神的地位差可比肩的神。商王朝时期还处于早期国家阶段[1]，还没有出现专制的中央集权统治。商代社会是以商王族为核心的各部族的联合体，还远不是恩格斯所提到的"东洋专制君主"。按照"一个上帝如没有一个君主，永远不会出现"这个原则，商王朝时期还没有这样的君主，作为唯一至上神的"上帝"自然也不会出现。

以"神"为主，这并非商代的发明，而是商人对于原始文化传统的继承。远古时代的古国中多"神守"之国，孔子曾说："山川之灵，足以纪纲天下者，其守

---

[1] 关于中国早期国家问题，谢维扬所著《中国早期国家》（杭州：浙江人民出版社，1996年）一书作出了重大贡献，他将夏商周（包括春秋战国）都划入中国早期国家阶段的说法是可信的。笔者认为早期国家是否有"中央集权"这一问题，尚有继续研究的余地。

为神。"[1]这里所说的"守"即是"主","神守",亦即神主。按照章太炎的说法,这样的古国靠神权立国,"不守社稷而亦不设兵卫……神国无兵,而皁牢亦不选具",进入文明时代以后依然保持"神守"传统,"营于禨祥,不务耕战,亦甚少与公侯好聘,故方策不能具,及其见并,盖摧枯拉朽之势已"。[2]殷商时代,将"神守"传统发展到极致,在此之后,神守传统的影响逐渐削弱,这是文明时代社会文化进步与社会权力演进的结果。

纵观有商一代历史,可以说商王依赖神灵世界、以神为主的做法,在一定程度上达到了维护最高权力的目的,也适应了社会政治发展的需要。[3]但是,从

---

[1] 《国语·鲁语下》。韦昭注"其守为神"云:"山川之守主,为山川设者也。"所谓"守主",当即山川之神的神主。

[2] 章炳麟:《封建考》,见《章太炎全集》第4卷,上海:上海人民出版社,1985年,第112—113页。关于"神守国"的研究,详见杨向奎:《中国古代社会与古代思想研究》上册,上海:上海人民出版社,1962年,第160—169页;杨向奎:《再论老子——神守、史老、道》,见《史学史研究》,1990年第3期;吴锐:《论"神守国"》,见《齐鲁学刊》,1996年第1期。

[3] 关于天、神对社会政治的影响,梁启超早就指出:"在天监督下以行政治,则本来之最高主权属于天,甚明。"(梁启超:《先秦政治思想史》,上海:东方出版社,1996年,第36页)亚里士多德说:"人

七、先秦社会最高权力的变迁及影响因素

另一方面看，商代的神权同时也给予王权以限制，使商王不得不忌惮于非王诸族及异姓方国部族的势力和影响。商王虽然青睐"帝"，但在神灵世界中，"帝"远没有成为定于一尊的至上神。这应当是商王权势尚被束缚的情况的反映。要之，商代的"神主"之权固然为加强商王所拥有的最高权力提供了一定帮助，但这"神主"也是对王权的一种限制。商代的神灵世界犹如一张巨大无比的天网，商王之权在一定程度上正是被这张天网所约束。

（二）宗法王权：周代君主的盛与衰

经过周革殷命的政权更迭，周王朝的最高权力呈现着前所未有的新面貌。周代最高权力掌握在周王以及其下大大小小"君主"手中。[1]周天子以及诸侯国君

们原来用人的模样塑造着神的形象，那么凭人类生活来设想群神的社会组织也就极为自然了。"（亚里士多德：《政治学》，吴寿彭译，北京：商务印书馆，1965年，第7页）

[1] "君主"一词虽至战国时期才出现，但"君"为社稷之主人的观念在春秋时期已经多见，如《左传》隐公三年："先君以寡人为贤，使主社稷。"《左传》庄公十四年："苟主社稷，国内之民其谁不为臣？臣无二心，天之制也。"《管子·侈靡》篇所谓的"社主"应当是社

主的权力在周初主要是经由两个途径来实现的：其一，采用殷商故技，托庇于神灵；其二，创立宗法体系，实施分封制度。关于这两个方面，专家多有精辟论析。这里，笔者认为值得进一步思考和探讨的问题是，在因袭商人做法的同时，周统治者又进行了怎样的创新与发展。

我们先来考察周人神灵世界的问题。周人对于殷商神灵世界不仅多有继承，依然尊奉天神和祖先神，而且为适应宗法王权的需要，还大力进行创新和改造。十分显著的是，周人拉近了原来被高悬一格、不食人间烟火的"帝"与人世的距离。周代的"帝"不仅"降懿德"[1]于周人，而且，用周厉王的话来说，还可以降下"大鲁令（命），用黎保我家、朕位、胡身"[2]。还有的彝铭谓："肆皇帝亡斁，临保我又（有）周，雩四方民，

稷主的简称。《管子·形势解》谓："主牧万民，治天下，莅百官，主之常也。"春秋时期虽未见"君主"之称，但却已到了呼之欲出的地步。战国时代的文献，"君主"之称则屡见不鲜，如《韩非子》之《十过》《爱臣》，《晏子春秋·外篇》，《韩诗外传》卷九等。周代各诸侯国君主所拥有的虽然不是周王朝的最高权力，却是本诸侯国的最高权力。

[1]《集成》251。

[2]《集成》4317。

亡不康静。"[1] 意思是说，辉煌的帝不厌其烦地俯视和保佑着我们周王朝，以及四方庶民，使得普天之下无不安康稳固。《诗经·大雅·皇矣》篇亦谓："皇矣上帝，临下有赫。监观四方，求民之莫。"[2] 这里说上帝十分关注民生，了解民众疾苦。由此可见，从周王到庶民皆为天帝所保佑。

此外，周人创造出"帝廷"作为天帝"办公"场所，据说，周人的祖先可以到帝廷并侍奉在帝之左右，传达帝的旨意。《诗经·大雅·文王》说："文王在上，於昭于天。周虽旧邦，其命维新。有周不显，帝命不时。文王陟降，在帝左右……仪刑文王，万邦作孚。"周文王的神灵侍奉于帝之左右，这于彝铭亦有证。周初的《天亡簋》说"丕显考文王事喜上帝"[3]，清楚地表达了周王拥有最高权力而使"万邦作孚"的原因，那就是周人最伟大光荣的文王的神灵升之于天，侍奉在帝之左右，得到了帝所授予的统治天下的命令，后世周王

---

[1]《集成》4342。
[2]《诗经·大雅·皇矣》"莫"，传笺释为"定"，三家诗作"瘼"。今从三家诗之说。说见马瑞辰：《毛诗传笺通释》卷24，北京：中华书局，1989年，第838页。
[3]《集成》4261。

以文王为榜样("仪型文王"),所以天下顺服。可以说"帝"成为周代王权最得力的靠山。一座巍峨的"帝廷"出现于天国。帝廷之中,先王仍然可以监临天下,《尚书·金縢》说:"(先王)乃命于帝庭,敷佑四方,用能定尔子孙于下地。"在天国的"帝廷"与人世间,周先王上下"陟降",通于神人之际,传达天命于下界。周厉王曾说:"朕皇文剌(烈)祖考……其濒(频)才帝廷陟降……虵虵降余多福宪烝、宇慕远猷。"[1]意思是说,我的辉煌、典雅、有伟大功业的祖先,频繁地在帝廷升降,传达帝的旨意,绵绵不断地降给我许多幸福美善以及安定国家的谋略和计划。周的先王总是居于"帝廷",彝铭谓"先王其严才(在)帝左右"[2]。是说先王的神灵庄严地在帝左右侍奉。开始的时候似乎只有周先王之神灵才可以升到"帝廷",后来,商人后裔亦仿此例,把自己的先祖也抬到天上去侍奉帝,说"赫赫成唐(汤)又(有)敢(严)才(在)帝所,尃受天命"[3]。这是殷商后裔向周人学习的结果。然而,只说成汤升

---

[1] 《集成》4317。
[2] 《集成》49。
[3] 《集成》275。

到"帝所(帝所在的处所)",但并未登堂入室,只是怯怯地表示升到帝之居处,尚不敢与在"帝廷"侍奉于天帝左右的周先王比肩。

通过改造,以"帝""天"为主的神灵世界成为周代王权强有力的后盾。周人曾劝说殷遗民要顺服于周,说这是"天命靡常"的结果,春秋中期,楚庄王问鼎王城之下时,周人还以"天命"作为利器而使楚不敢轻举妄动,周人说:"成王定鼎于郏鄏,卜世三十,卜年七百,天所命也。周德虽衰,天命未改!"使得不可一世的赫赫霸主楚庄王在周的"天命"面前不敢造次,对于天命的重视于此可见。后世有"挟天子以令诸侯"[1]之枭雄,如果相比较的话,可以说周王正是挟天帝以令诸侯了。[2]

---

[1] 《三国志·魏书·武帝纪》注引《献帝春秋》载,有人向曹操建议:"若挟天子以令诸侯,四海可指麾而定。"(《三国志》卷1《魏书·武帝纪》,北京:中华书局,1959年,第15页)

[2] 观《墨子·非命》上篇引《尚书·仲虺之诰》曰:"我闻于夏,人矫天命,布命于下,帝伐之恶,龚丧厥师。"似乎夏商时期即有"矫天命"之事。其实,并非如此。当时"矫天命"者乃是普通的"夏人",而非夏王桀。夏去古不远,所谓"人矫天命"正是上古时期人神不分习俗的孑遗。且夏代尚无后世那种天命观念,更不可能产生夏王矫天命以布己意之举。要之,挟天命以重王权应当是周代才有的事情,夏商时代尚未出现。

从方国联盟到"天下一家"

周人创造了"天子"之称,作为其神圣性质的根本依据,亦是其天命理论的进一步发展。[1]"天子"之称应与周代宗法制的创制有关。宗法的核心在于嫡长子继承制。嫡长子有宗法观念里面的"承重""传重"之责,即嫡长子有继承和延续宗族祭祀和宗族统绪的重责。在宗族的各种关系中,父子关系是至为重要者。父亲要将一切重大责任和权利传给嫡长子。周王得天

---

[1] 据文献记载,似乎夏商时期就已有天子之称,但那是后人追记的结果。《郭店楚简·唐虞之道》:"古者尧生于天子而又(有)天下。"[武汉大学简帛研究中心、荆门市博物馆编著:《楚地出土战国简册合集》(一),北京:文物出版社,2011年,第61页]此为称尧为天子之例。《郭店楚墓竹简·穷达以时》:"舜耕于鬲(历)山……立而为天子。"[武汉大学简帛研究中心、荆门市博物馆编著:《楚地出土战国简册合集》(一),第42页]《礼记·中庸》:"舜其大孝也与?德为圣人,尊为天子,富有四海之内。"(阮元校刻:《十三经注疏》卷52,第1628页)此为称舜为天子之例。《韩非子·难势》:"桀为天子。"(王先慎撰:《韩非子集解》卷17,钟哲点校,北京:中华书局,1998年,第388页)此为称夏王为天子之例。《墨子·兼爱》下:"汤贵为天子,富有天下。"(孙诒让:《墨子间诂》卷4,北京:中华书局,2001年,第123页)《韩非子·初见秦》:"昔者纣为天子。"(王先慎撰:《韩非子集解》卷1,第11页)此为称商王为天子之例。早期的可靠文献记载,如《诗经·商颂·长发》:"允也天子,降予卿士。"《尚书·西伯戡黎》:"奔走告于王曰:'天子,天既讫我殷命。'"这两例皆为后人的述古之作,而殷墟甲骨卜辞和最可靠的商代作品《尚书·盘庚》篇中则只有"王"称而无"天子"之称。若谓殷商时期尚无周代那样的"天子"之称出现,从现今所见卜辞和文献资料的情况看,应属可信。

七、先秦社会最高权力的变迁及影响因素

命,犹言天之重责和大权传给周王,周王亦即天之嫡长子,天子之称实即宗法关系里的父子关系的投影。天子即天的嫡长子,所以《尚书·召诰》说:"皇天上帝,改厥元子。兹大国殷之命。惟王受命,无疆惟休。"皇天上帝更改其长子即此大邦殷之命,将这命授予周。周王接受天命,拥有无疆界的美善。《尚书·立政》载周公告成王语谓"拜手稽首。告嗣天子王矣",称成王为"天子王",意即以天子的身份为王。"天子"之称的潜台词是说,天帝把统治天下的权力赐予周王,就好像父亲把宗族大权传授给其长子一样。"天子"之称亦是周人的一大发明。

周人对于最高权力的总体设计是:周王向上对于天国而言,垄断了天国和天命;向下对于社会而言,则是以宗子的身份而凌驾于芸芸众生。自周公制礼作乐以降,周王即成为天下大宗的宗子。周代社会的最高权力可以称为"宗法王权"[1]。宗法与分封是周王最高

---

[1] 将周代王权称为"宗法王权"的认识是建立在周代宗统与君统合一的观念之上的。周代君统与宗统的关系,自汉儒以来历有不同理解,或认为这两者属于不同范畴,关于此说,金景芳曾发表《论宗法制度》(《东北人民大学学报》1956年第2期)一文,后来陈恩林《关于周代宗法制度中君统与宗统的关系问题》(《社会科学战线》1989

权力的两翼，宗法偏重于周王子孙，分封则兼及整个社会。自"君统"而言，周王是社会政治的主宰；自"宗统"而言，他又是普天之下最高的宗子。"君统"言其政治地位；"宗统"则表示其传统的宗族关系。在西周时期，这二者是合一的。周王的最高权力通过分封诸侯（以及重申任命）、巡狩、赏赐、设监以"监国""监军"；诸侯依礼朝聘、纳贡等措施得以实现。以至于《诗经·小雅·北山》所云"溥天之下，莫非王土。率土之滨，莫非王臣"，成为周人口头禅一样的信条。《礼记·曾子问》引孔子语谓"天无二日，土无二王……尊无二上"，是周王拥有最高权力的反映。对此，王国维说得最为精当，他说：周公东征之后，行宗法分封之制，"新建之国皆其功臣昆弟甥舅，本周之臣子，而鲁卫晋齐四国，又以王室至亲为东方大藩，夏殷以来古国方之蔑矣。由是天子之尊，非复诸侯之长而为诸侯之

年第 2 期），对金老之说又作了全面研讨和发挥。自王国维以来，也有许多现代学者主张周代君统与宗统二者合一。本文取刘家和《宗法辨疑》（《古代中国与世界》，武汉：武汉出版社，1997 年，第 235—253 页）一文的说法。

七、先秦社会最高权力的变迁及影响因素

君"[1]。以周公为代表的周初政治家们的国家改造与设计,尽管反映了高度的政治智慧,但由于历史的局限,君主权力的实现与国家机构的合理配置还显得比较粗糙,尚不能满足长时段的社会运转的需要。

周人对于最高权力的设计,自以为周到细密,简直无懈可击。周王所拥有的最高权力有天命、帝廷作为其终极的无敌的后盾;有宗法以网罗天下大大小小的宗族;有分封以保证开拓和稳固天下疆土;有作为贤才的卿士为其操劳朝政。然而,周天子还是不放心,我们从文献和彝铭记载中见不到周天子意满志得、飞扬跋扈之态,倒是可以窥见其"战战兢兢,如临深渊,如履薄冰"的心绪。周公告诫成王要像保持火焰永远燃烧一样延续王权,"叙弗其绝",还说"继自今嗣王,则其无淫于观、于逸、于游、于田",周厉王自言其勤政,"亡康昼夜"[2],周平王呼吁晋文侯"汝多修,扞我于艰"。这类语言固然表现着最高权力拥有者勤于德政的自勉之意,但也流露出许多忧愁。周天子忧愁的原因何在?

---

[1] 王国维:《殷周制度论》,见《观堂集林》卷10,北京:中华书局,1959年,第467页。

[2] 《集成》4317。

值得我们探究。

正所谓"成也萧何,败也萧何",周王拥有的最高权力因宗法分封而兴,亦因之而衰。在某种程度上可以说,分封制度乃是对于宗法王权的一个制约因素。[1]宗法与分封固然把周王架到无与匹敌的"天下共主"的最高位置,但也让他不与基层社会权力发生关系。周代等级层次纷繁,社会统治权力亦层层相叠压,即《左传》昭公七年所谓"天有十日,人有十等。下所以事上,上所以共神也",周王的地位虽然至高无上,但其所直接臣属的仅限于诸侯及周王朝的公卿一级。各国诸侯虽然不敢觊觎周王之位,但很少有与周王真正同心同德者。各诸侯国的大夫、士、庶民仅对其直接的"上"(即诸侯、大夫、士)负责,而与周王无直接干系。周王所拥有的社会最高权力便层层消弭于这个层次结构之中。尽管周天子是普照的光,然而,"普

---

[1] 曾有学者认为宗法分封加强了中央集权,谓:"周人所分过于琐细,宗愈分愈多,亦愈分愈小,亦愈能中央集权。"(李玄伯:《中国古代社会新研》,上海:开明书店,1948年,第43页)这恐怕是以汉代"推恩令"来类比的结果。汉武帝时,采纳主父偃建议,"推恩分子弟,以地侯之。彼人人喜得所愿,上以德施,实分其国,必稍自销弱矣"。(《汉书》卷64《主父偃传》,第2802页)其实,周、汉社会结构不一,汉代中央集权制度已经确立,似非周代层次性的社会结构可比拟。

七、先秦社会最高权力的变迁及影响因素

照"却类乎"不照",中下层的受赐者无须对周王直接感恩戴德。西周前期,周王带"天子"之光环,携文、武之余烈,拥"六师"之兵众,巡狩会同而威加诸侯,"君主"之姿,荣焉耀焉,威风凛凛。然而好景不长,西周后期,形势即急转直下,周厉王时的"共和行政"可谓一个标志。这一转变,实肇端于因王室经济的匮乏而实行的侵犯贵族利益的"专利"政策,由此而引起国人暴动。周厉王狼狈逃窜,最后不得不由卫国诸侯入主朝政而平息祸乱。貌似强大的周厉王溃败于贵族们的现实经济利益。得益于宗法与分封制度的贵族们为实利而不惜与周天子翻脸,这一方面是他们数典忘祖的表现,另一方面也展现了周王所拥有的最高权力已是江河日下。

总之,宗法王权的确立,虽然为周王拥有社会最高权力开辟了新的路径,但随着贯彻宗法精神的分封制度的不断实施,王权也随之衰落。并且,被高高悬置于上苍的天国只是周王专擅天命的后盾,而不可能如同商代那样成为限制王权的天网。从这个角度可以说,社会最高权力在西周时期进入"有法无天"的时代。可是,这个"法"(即宗法)对于王权也是一种限制。

王权要摆脱羁绊，真正成为"无法无天"的专制权力，还有一长段路要走。

（三）"民主"：新君权的影子

周王朝自厉幽以后，王权日益下降，社会最高权力渐渐分散到各国诸侯手中。春秋以降的各国"君主"，没有了头上的光环，也不再专擅天命，他们手中的利器之一就是"民主"。

正如神主的光芒下"君主"已经悄然显现一样，在君主的光芒中"民主"也开始露出。一个饶有兴味的现象是我国上古时代"民主"的理念，最初是穿着君主的袍子，迈着君主的步伐登上政治殿堂的，或者可以说它只是"君主"观念的折射，只是"君主"的另一种表达。先秦时期的"民主"的观念与"君主"没有太大的区别。"民主"一词，在西周初年就出现于《尚书·多方》："亦惟有夏之民叨懫，日钦劓割夏邑。天惟时求民主……克以尔多方，简代夏作民主……天惟五年须暇之子孙，诞作民主。"这段话是周公在平定三监之乱以后对于因参与叛乱而被迁到洛邑的各方国人

七、先秦社会最高权力的变迁及影响因素

员的讲话,周公说道:有夏之民贪饕忿戾,残害夏邑。上天因为这个原因才为夏民寻求其主,并且大大地降下光显嘉命给成汤,让他殄灭有夏……成汤在你们多方的支持下取代夏做了天下民众之主。商朝末年的时候,上天对商王宽待了五年,让他仍然做商民之主。这个时候的"民主",实即君主,"民主"意即民之主人,也是君为民做主的意思。

商周时代君权神授,天命可以授权于君,也可以将这权力拿走而转予他人。春秋时期则不然,君权可以为国人、庶人、民众等的态度所左右。春秋初期,卫懿公得不到"国人"支持,于狄族入侵时落得身死国灭的下场;[1]《左传》僖公十五年载晋惠公被秦俘获时,"朝国人以君命赏",才得以挽救危难;《左传》文公十八年载,莒国太子名仆者,靠国人支持杀掉莒纪公,史称"因国人以弑纪公";《左传》襄公十九年郑卿子孔专权,国人不满,贵族子西便"率国人伐之,杀子孔而分其室";《左传》昭公十三年载,楚灵王时,楚国内乱,右尹子革曾建议他"待于郊,以听国人",

---

[1] 事见《左传》闵公二年和《史记·卫康叔世家》。(《史记》卷37《卫康叔世家》,第1594页)

让国人决定楚灵王的命运，但因"众怒不可犯也"，终究得不到国人支持而选择了自杀；《左传》襄公十四年载，卫献公无道，"百姓绝望"，被驱逐出国。晋人评论此事说："天之爱民甚矣，岂其使一人肆于民上，以从其淫，而弃天地之性。必不然矣。"这些史实都反映了国人对于诸侯国君权的影响之巨。

春秋时期，残暴的国君为国人所驱逐之事屡有发生，作为"君主"（亦即"民之主人"的"民主"），为民所废，这个现象如何解释呢？《左传》襄公十四年载，在天命论的笼罩下，春秋时期的人对于这个问题有这样的表述："夫君，神之主也，民之望也。若困民之主、匮神乏祀、百姓绝望、社稷无主，将安用之？弗去何为？天生民而立之君，使司牧之，勿使失性。"[1]

从思想史的发展途径上可以看出，这里所强调的

---

[1] 这里所说的"牧"，先秦时期文献，讲君主管理民众，多称用之，虽然已是管理的意思，但其根源依然是放牧牲畜。《尚书·吕刑》有"天牧"之辞，意即替天牧民。上古时代的诸侯（即各氏族方国的酋长），在《尚书·尧典》中称为"群牧""十有二牧"。《管子》有《牧民》篇，专讲治理民众之事。孟子亦用"牧民"的观念，曾经向子思请教如何牧民的问题，谓"牧民何先？"（《孔丛子·杂训》，见王钧林、周海生译注《孔丛子》，第87页）《逸周书·命训》讲古代的明王的职责就在于"牧万民"。

七、先秦社会最高权力的变迁及影响因素

内容虽然承继了"神主"的观念,但却突出了"君"的地位。君,一方面是神主,一方面又指出它是民望,即民众希望之所在。民众对于君的希望是什么呢?照这里的说法,就是希望"君"能够统领、管理("司牧")民众,使民众不至于失却纯朴的本性("勿使失性"),犹如一群绵羊希望有一个好的牧羊人来管理自己一样。如果这位牧羊人不好好管理这群羊,反而虐待它们("困民之主"),那么这样的牧羊人有什么用呢("将安用之")?那就应当被换掉。这一段话,体现着春秋中期人们的"民主"观念。这个"民主"的意思就是"民之主人",就是"牧羊人"。按照这个"民主"观念,君主天生就是民的主人[1],这是天所安排好了的。这样的"民主"对于"民"有着生杀予夺的权力,所以"民"必须拥戴其主,正如《管子·国蓄》所说:"予之在君,

---

[1] 这时候的"民主",不一定指国君,就是大臣亦可有此称。春秋中期,晋国刺客行刺晋贤臣赵盾的时候,见他兢兢业业于国事,受到感动,说道:"不忘恭敬。民之主也。贼民之主。不忠。"(《左传》宣公二年)这位刺客宁肯自杀也不愿意刺杀赵盾,因为他是刺客心目中的"民主"。再如晋卿赵文子苟且贪财,鲁贤臣穆叔预言:"赵孟将死矣,其语偷,不似民主。"(《左传》襄公三十一年)春秋中期郑大夫子展说:"国卿。君之贰也。民之主也。"(《左传》襄公二十二年)可见各诸侯国之卿即被视为"民主"。

夺之在君，贫之在君，富之在君。故民之戴上如日月，亲君若父母。"民尊奉君主(亦即"民主")，其根源不仅有着信仰、伦理道德方面的因素，而且更为直接的则是经济基础方面的因素。春秋时期各国有远见卓识者，强调"民"对于国家政治影响之巨大的言论不绝于史载，足可反映"民"在社会舞台上的位置的重要。春秋后期所出现的这种君主的理念，其核心内容是强调君主应当是一个好的"牧羊人"，而不应当是一个在民众头上作威作福的暴君。这种"为民做主"的理念比之于"替天作主"，显然是一个不小的进步。

春秋时期的"民主"观念，大致可以分为两个方面，上述这些可以算作第一方面。这个方面的要点在于强调国君是"民"之主人，是"民"之管理者，并且这是由天意来安排和决定的。这是那个时代的"民主"观念的主要方面。另外一个方面，就是以民为本的理念。前一个方面实质上是强调"君"对于"民"的重要，强调"君"治民乃是天经地义的事情，而后一个方面，则是努力阐明"民"之重要。具体说来，春秋时期，这一逐渐兴起的理念固然离不开周王朝政治理念中"保民""惠民""恤民""治民"等说法，但比之于其

七、先秦社会最高权力的变迁及影响因素

前的"民主"观念,也可以看出以下几个新的特点:

其一,能够成为"民主"者,不再完全是由上天所决定,而可以是凭借个人的高尚品德而为"民主"。依照商周之际的政治理念,君所以治民,那是上天的安排,所以《尚书·洪范》谓:"天子作民父母以为天下王。"到了东周时期这一观念有所转变,"为民父母"者非必为"天子",而是道德高尚者,《诗经·大雅·泂酌》云"岂弟君子,为民父母",[1] 孔疏谓"有道德,为民之父母"。郭店楚简《唐虞之道》篇谓:"古者尧之举舜也:昏(闻)舜孝,智(知)其能养天下之老也;昏(闻)舜弟,智(知)其能事天下之长也;闻舜慈乎弟[象

---

[1] 《泂酌》虽然被编入《诗经·大雅》,但其诗为民歌之风。《诗序》谓是篇为"召康公戒成王",姚际恒说此说"未有以见其必然"。(姚际恒:《诗经通论》卷14,北京:中华书局,1958年,第290页)方玉润说:"其体近乎风,匪独不类大雅,且并不似小雅之发扬蹈厉,剀切直陈者。"(方玉润:《诗经原始》卷14,北京:中华书局,1986年,第520页)当代专家推测,"可能本是周地民歌,因其颂美之意浓厚而收入《大雅》"。(程俊英、蒋见元:《诗经注析》,北京:中华书局,1991年,第830页)这个推测是可信的,笔者认为此篇时代当同于《国风》诸篇,为春秋早期的作品,此诗何时何故而被编入《大雅》的问题,可存以待考。

□□，知其能］为民主也。"[1]在《唐虞之道》的作者看来，舜因为有慈爱品德所以能成为"民主"。这与春秋中期晋臣所谓"恤民为德"的意思是相通的。

其二，不称职的"民主"可以被撤换。"民之主人"，犹如牧羊人有责任把自己的羊群放牧好一样，有责任管理好民众。如果不能管理好民众，则这样的"民主"被撤换是很正常的事情，此正如《左传》襄公十四年载晋国的师旷语所谓："岂其使一人肆于民上？"《左传》昭公元年载，春秋后期的人引用《尚书·泰誓》的话说"民之所欲，天必从之"。大致可以理解为民众之欲望假天之手来实行之。但是至于如何撤换不称职的"民主"，由谁来撤换，对于这个问题尚未有明确说法。春秋时期弑君、逐君之事层出不穷，社会舆论也多见怪不怪。这反映了君、民关系淡漠化的趋势，鲁昭公被逐在外，终死未能返鲁，晋臣史墨评论说："民忘君矣。虽死于外，其谁矜之？社稷无常奉，君臣无常位，

---

[1] 武汉大学简帛研究中心、荆门市博物馆编著：《楚地出土战国简册合集》（一），第61页。此条简文"能事天下之长"的"事"字，原整理者读为"嗣"，裘锡圭指出："从文义看，也可能读为'事'。"（荆门市博物馆编：《郭店楚墓竹简》，北京：文物出版社，1998年，第159页）今从之。

自古以然。故《诗》曰：'高岸为谷，深谷为陵。'三后之姓，于今为庶。"[1] 春秋中期鲁贤臣臧文仲所云"民主偷，必死"，已成为名言被传颂。以前的"民主"要由天命来更换，春秋以降则是由民来更换。这是新的历史时期出现的新观念。

其三，君民关系由"利"来系连。君利之，民则归附；否则，民则离去。春秋中期周贤臣富辰对周襄王说，君主举措如果有利，"民莫不固其心力以役上令"，否则的话，"民乃携贰，各以利退"，即民众就会离心离德，因为自身的私利而退去。鲁庄公曾想以施小惠于民而获得支持，鲁臣曹刿即谓："小惠未遍。民弗从也。"可见施"惠"，是统治民众的一个办法。由于利害关系的背反，君民关系有时会相当紧张。周卿士单襄公曾经用古谚语"兽恶其网，民恶其上"，来说明"民"对凌于"其上"的统治者的憎恶。晋贤臣叔

---

[1] 春秋时期不仅国君一级的"民主"可以被废黜，就是卿大夫一级者，亦可如此。例如，郑大夫"驷秦富而侈，嬖大夫也而常陈卿之车服于其庭。郑人恶而杀之。子思曰：《诗》曰：'不解于位，民之攸塈。'不守其位，而能久者鲜矣。"（《左传》哀公五年）驷秦被杀，依子产之孙国参（即子思）的说法，卿大夫的本分是安于其位，能够让民众休息安稳。若做不到而被杀，是正常的。

向反对郑国铸刑书，谓："民知争端矣，将弃礼而征于书。锥刀之末，将尽争之。乱狱滋丰。"认为民就是趋利而行，君应当制止这种倾向。齐国贤臣晏婴讲齐国陈氏坐大的原因就在于"陈氏厚施焉，民归之矣"[1]。所谓"厚施"，就是以物质利益聚拢民心。在此之前，支撑君权的民心要由共同的信仰（神灵崇拜）来维系，后来又要靠由宗法和分封所体现的血缘关系来维系，这两者虽然至东周时期一直沿用，但起主导作用的则逐渐变成了现实的经济利益。

其四，国家的最高权力表现在对于民众的管理和控制。和此前相比，在"民主"的时代，那种神秘的温情的面纱渐被揭去，逐渐凸显出赤裸的直接的对于民众的统治。春秋时期的人有"政以治民"之说。春秋后期大政治家子产所谓"民不可逞"（意即不可让民众欲望得逞），也是基于治民的一种说法。春秋后期陈臣说"以礼防民，犹或踰之"，足见统治者对于民众之提防心态。春秋时人对于君民关系的理想状态，可

---

[1]《左传》昭公二十六年。陈氏兴起的原因，《左传》昭公三年所载晏婴跟叔向的谈话中有明指，其中的"以家量贷，而以公量收之"（亦即以大斗借贷于民，而以小斗收回，从而施利于民），是为典型。

七、先秦社会最高权力的变迁及影响因素

以用春秋中期师旷的话作为代表,他说:"良君将赏善而刑淫,养民如子。盖之如天,容之如地。民奉其君,爱之如父母,仰之如日月,敬之如神明,畏之如雷霆。"国君掌握的政治权力是统治民众的主要手段,所谓的"赏善而刑淫",就是其中的两项。春秋初年郑国大夫说:"苟主社稷,国内之民其谁不为臣?"可见"主社稷",掌握政权是为"治民"的关键。[1] 春秋时期的君主力图将民纳入礼治轨道,鲁大夫臧僖伯说:"君,将纳民于轨物者也。"认为君就是要将民纳入法度("轨物")的人。从较长的历史时段看,西周春秋时期的"君主"实际上不和"民"发生关联,而春秋以降的号称"民主"的君主,则逐渐直接和民关联,成为实际上的民的主人。这对于加强君主权力可以说是关键步骤。

要之,春秋时期"民主"观念的兴起,是自西周后期以来庶民群众力量逐渐登上历史舞台的标志。由

---

[1] 国家政权以"社稷"称之,盖肇端于两周之际("社稷"之辞,最初见于《左传》隐公三年。《史记·殷本纪》载汤迁夏社事,后儒或以为是变置社稷,盖非后世所谓"社稷"之义)。关于国家政权的理念,春秋时人逐渐有所认识。原先以为君土就是国家,就是政权,但逐渐认识到国家政权在君主之外,君主只是社稷之主而已,因此春秋后期齐贤臣晏婴说:"君民者岂以陵民?社稷是主。"(《左传》襄公二十五年)

于民之重要，所以君主要为民做主，为民负责，即成为民之主人，而在此之前，君主则只对天或祖先负责。这一转变的意义非同小可，它既标志着社会最高权力冲破天命和宗法的束缚而取得更大的行为自由，另一方面在社会实践中君主的权力也处处受到"民"（包括国人、庶民、庶人等）的限制和掣肘。[1]

（四）余论

纵观先秦时代社会最高权力的迤逦变迁之路，可以看出，三代君主在其权力尚未强大的时候，无不充分利用天、祖、民这些影响巨大的力量为其权势服务，为其权势寻求终极的依据，宣示自己权力的合理与合法。应当说，社会最高权力的增强有其合理性。三代之君主，在邦国林立之时他是天下之中的旗帜，在漫无秩序的状态之中他是秩序的标识。可是，等到这权

---

[1] 对于君权予以限制者，除了"民"之外，还有贵族阶层的内部力量。这种力量与体现周代贵族政治的"三朝制"有关，也与原始民主遗存有关。对此，刘家和《三朝制新探》（《古代中国与世界》，第356—376页）、徐鸿修《周代贵族专制政体中的原始民主遗存》（《中国社会科学》1981年第2期）等，有深入而详细的研究。

七、先秦社会最高权力的变迁及影响因素

力逐渐发展时,君主们的贪欲和权势欲日益膨胀,摆脱"天命"、宗法以及"民"之羁绊,就成为他们梦寐以求的企盼。贪婪的君主们虽然需要光环、需要保护伞、需要被拥戴,但绝不希望被掣肘、被制约、被束缚。天命也好,祖宗也罢,就连民众也让君主们忧虑和担心,此正如《大戴礼记·曾子立事》篇所说,"天子日旦思其四海之内,战战唯恐不能义;诸侯日旦思其四封之内,战战唯恐失损之。"

历史进入战国时代,各国变法运动引起巨大社会变革。推动变法的各国君主,其目的就是为了使其手中所拥有的权力最大化,将束缚其权力的最后一块绊脚石踢开,把"民"彻底驯服,把这块绊脚石变为提高其君权的踏脚石。战国时期各国大力推行的变法运动,实际上是为君权的进一步提升创造条件。对于君主集权,历代的有识之士皆有明确认识。《管子·明法》所说"威不两错,政不二门"[1],汉代桓谭所说"权统由

---

[1]《管子·明法》,见黎翔凤撰,梁运华整理《管子校注》下册,北京:中华书局,2004年,第1212页。

一,政不二门"[1],都强调集权力于君主一人之手的重要性。君主集权,是变法运动对于先秦时期社会最高权力变迁的最大贡献。战国时期直至秦统一天下,社会巨大运转的荦荦大端者有以下几项。其一,通过废井田开阡陌,实行授田制,将宗族里的士庶变为国家直接控制的自耕农民。其二,设三公九卿为皇帝之仆,直接听命于皇帝。强化郡县乡里制度,使普通劳动群众直接为君主所控制。其三,虚置天神和祖先,极力宣扬皇帝个人权威。秦始皇统一六国、专制皇权横空出世,可谓战国变法运动在政治上的最终成果。这时候,对于皇帝的最高权力来说,该抛弃的都扔掉了,该虚置的都被淡化了,该控制的都紧握在皇帝一人之手了。秦始皇为夏商周三代社会最高权力的发展画上一个森严无比的句号。从此开始,专制权力压迫于民众头上,忠君观念荼毒于民心两千余年,直到明清之际的早期启蒙思想家方才明确指出专制君主是"天下

---

[1] 桓谭撰,朱谦之校辑:《新辑本桓谭新论》卷2,北京:中华书局,2009年,第3页。

七、先秦社会最高权力的变迁及影响因素

之大害"[1],开始对它发出一点影响微弱的批判声音。

---

[1] 黄宗羲:《明夷待访录·原君》,见《黄宗羲全集》第 1 册,杭州:浙江古籍出版社,1985 年,第 3 页。

参考资料

[1] 阮元校刻:《十三经注疏》,北京:中华书局,1980年。

[2] 吴毓江撰,孙启治点校:《墨子校注》,北京:中华书局,1993年。

[3] 康有为:《大同书》,沈阳:辽宁人民出版社,1994年。

[4] 徐元诰著,王树民、沈长云点校:《国语集解》,北京:中华书局,2002年。

[5] 陈伟等著:《楚地出土战国简册》,北京:经济科学出版社,2009年。

[6] 〔法〕布罗代尔著,顾良、施康强译:《15至18世纪的物质文明、经济和资本主义》,北京:生活·读书·新知三联书店,1992年。

[7]〔英〕杰弗里·巴勒克拉夫著,杨豫译:《当代史学主要趋势》,上海:上海译文出版社,1987年。

[8] 杨希枚:《先秦文化史论集》,北京:中国社会科学出版社,1995年。

[9] 范祥雍笺证、范邦瑾协校:《战国策笺证》,上海:上海古籍出版社,2011年。

[10] 顾炎武著,黄汝成集释,栾保群、吕宗力校点:《日知录集释:全校本》,上海:上海古籍出版社,2006年。

[11] 顾栋高:《春秋大事表》,北京:中华书局,1993年。

[12] 上海师范大学古籍整理研究所校点:《国语》,上海:上海古籍出版社,1998年。

[13] 方诗铭、王修龄:《古本竹书纪年辑证》,上海:上海古籍出版社,1981年。

[14] 王国维:《今本竹书纪年疏证》,见《王国维遗书》第十二册,上海:上海古籍书店,1983年。

[15] 陈立:《白虎通疏证》,北京:中华书局,1994年。

[16] 洪兴祖撰,黄灵庚点校:《楚辞补注》,上海:上海古籍出版社,2015年。

[17] 许维遹撰,梁运华整理:《吕氏春秋集释》,北京:中华书局,2009年。

[18] 徐旭生:《中国古史的传说时代》,北京:文物出版社,1985年。

[19] 郦道元著,王先谦校:《合校水经注》,北京:中华书局,2009年。

[20] 朱熹:《四书章句集注》,北京:中华书局,1983年。

[21] 邹衡:《夏商周考古学论文集》,北京:文物出版社,1980年。

[22] 黎靖德编:《朱子语类》,北京:中华书局,1994年。

[23] 孙诒让撰,孙启治点校:《墨子间诂》,北京:中华书局,2001年。

[24] 〔美〕摩尔根著,杨冬莼、马雍、马巨译:《古代社会》,北京:商务印书馆,1983年。

[25] 黎翔凤:《管子校注》,北京:中华书局,2004年。

[26] 王利器:《盐铁论校注(定本)》,北京:中华书局,1992年。

[27] 章炳麟:《訄书》〔重订本〕,北京:生活·读书·新

知三联书店，1998年。

[28] 王利器:《颜氏家训集解》，北京：中华书局，1993年。

[29] 王先谦:《荀子集解》,北京：中华书局,1988年。

[30] 梁启超:《先秦政治思想史》,上海：东方出版社，1996年。

[31] 王国维:《观堂集林》卷十，北京：中华书局，1959年。

[32] 黄怀信、张懋镕、田旭东:《逸周书汇校集注(修订本)》，上海：上海古籍出版社，2007年。

[33] 蒋礼鸿:《商君书锥指》，北京：中华书局，1986年。

[34] 《睡虎地秦墓竹简》，北京：文物出版社，1978年。

[35] 何宁:《淮南子集释》,北京：中华书局,1998年。

[36] 姚际恒:《诗经通论》卷十一，北京：中华书局，1958年。

[37] 王先谦:《诗三家义集疏》卷一七，北京：中华书局，1987年。

[38] 王钧林、周海生译注:《孔丛子》，北京：中华

书局，2009年。

[39] 宋镇豪主编，常玉芝著:《商代宗教祭祀》，北京：中国社会科学出版社，2010年。

[40] 胡厚宣:《甲骨学商史论丛初集》，济南：齐鲁大学国学研究所，1944年。

[41] 谢维扬:《中国早期国家》，杭州：浙江人民出版社，1996年。